融媒体时代电视新闻的传播研究

孙 艳 著

北京工业大学出版社

图书在版编目（CIP）数据

融媒体时代电视新闻的传播研究 / 孙艳著 . — 北京：
北京工业大学出版社，2021.4
ISBN 978-7-5639-7918-9

Ⅰ．①融… Ⅱ．①孙… Ⅲ．①电视新闻－传播学－中
国 Ⅳ．① G229.2

中国版本图书馆 CIP 数据核字（2021）第 081809 号

融媒体时代电视新闻的传播研究
RONGMEITI SHIDAI DIANSHI XINWEN DE CHUANBO YANJIU

著　者：	孙　艳
责任编辑：	乔爱肖
封面设计：	知更壹点
出版发行：	北京工业大学出版社
	（北京市朝阳区平乐园 100 号　邮编：100124）
	010-67391722（传真）　bgdcbs@sina.com
经销单位：	全国各地新华书店
承印单位：	天津和萱印刷有限公司
开　本：	710 毫米 ×1000 毫米　1/16
印　张：	10
字　数：	200 千字
版　次：	2022 年 5 月第 1 版
印　次：	2022 年 5 月第 1 次印刷
标准书号：	ISBN 978-7-5639-7918-9
定　价：	60.00 元

作者简介

孙艳，女，1981年6月出生，现供职于山东科技大学党委宣传部新闻中心，担任编辑，从事高校电视新闻工作十八年，主要研究方向：电视新闻传播、媒介素养教育。近年来，新闻作品在高校优秀电视奖评选中获奖十余项，指导学生在全国、山东省、青岛市各类视频大赛中获奖三十余项，参与省部级、厅局级科研课题十余项，担任多部著作的主编、副主编。

前　言

信息技术和网络技术的不断进步为媒体行业进一步发展提供了良好的技术条件，催生了许多新兴媒体形式，促进了融媒体时代的到来。融媒体时代，各种媒体渠道有机融合在一起，所有的资源得到有效整合和利用，这对于电视新闻传播来说，既是新的发展契机，又是新的来自网络信息时代的挑战。如果不能将挑战转化为机会，传统的电视新闻传播市场会越来越小，甚至会被新媒体取代。电视新闻传播相关人员应对此加强警惕和重视，正视传播问题，对传统的传播方式和传播内容等进行创新，使电视新闻传播在融媒体时代的发展越来越好。

全书共六章。第一章为走进电视新闻，主要阐述了融媒体发展概述、电视新闻的界定与优势、当代电视新闻的职能、电视新闻的价值要素、电视新闻的传播特性、融媒体时代对电视新闻传播策划的影响等内容；第二章为融媒体时代电视新闻的发展动因与历程，主要阐述了融媒体时代电视新闻的发展动因、融媒体时代电视新闻的历程分析以及国内外电视新闻媒体融合的发展比较等内容；第三章为融媒体时代电视新闻的发展环境，主要阐述了融媒体时代电视新闻的发展困境、融媒体时代电视新闻的发展环境、融媒体时代电视新闻发展的动力机制等内容；第四章为融媒体时代电视新闻的传播境况，主要阐述了融媒体时代电视新闻节目的融合特征、融媒体时代电视新闻的传播现状分析以及融媒体时代电视新闻传播面临的挑战等内容；第五章为融媒体时代电视新闻的传播理念，主要阐述了电视新闻传播理念的历史流变、融媒体时代电视新闻传播理念转变的不足、融媒体时代电视新闻传播理念转变的原则等内容；第六章为融媒体时代电视新闻的传播策略，主要阐述了融媒体时代电视新闻的传播路径、融媒体时代电视新闻传播的话语策略、融媒体时代电视新闻的发展趋势等内容。

　　为了确保研究内容的丰富性和多样性，笔者在写作过程中参考了大量的理论与研究文献，在此向涉及的专家学者表示衷心的感谢。

　　限于笔者水平，加之时间仓促，本书难免会存在一些不足，在此，恳请同行专家和读者朋友批评指正！

目　录

第一章　电视新闻及融媒体

随着新媒体的快速发展以及媒介融合趋势的进一步深入，电视新闻应积极顺应新媒体时代发展的规律，以受众为中心，进行新闻编辑、采访、写作等环节的创新，转变传统的电视新闻编辑思维，优化电视新闻的内容与形式；同时，利用新媒体等各种平台优势，最大范围内整合媒介资源，为广大电视观众提供更多高品质的电视新闻节目，直接促进电视新闻节目收视率的提升，从而实现电视媒体的可持续发展。本章分为融媒体发展概述、电视新闻理论溯源、当代电视新闻的职能、电视新闻的价值要素、电视新闻的传播特性五部分。主要内容包括：电视新闻的界定、电视新闻的特点与优势、新闻价值的界定、电视新闻价值的界定等方面。

第一节　电视新闻的界定与优势

一、电视新闻的界定

（一）电视新闻内涵与外延

电视新闻是以传播技术媒介为基础的信息传播形式。按照 1994 年《电视新闻分类与界定》中的描述："电视新闻是以现代电子技术为传播手段，以声音、画面为传播符号，对新近或正在发生、发现的事实的报道。"据此，在原有电视新闻界定的基础上，增加了传播者和传播目的两项内容，凸显了电视新闻作为大众信息传播的功能与意义。

从传播学的角度看，电视新闻的这一定义至少可以从三个层面去理解。

一是电视新闻的信息内容表现、信息传播手段和信息传播载体要以现代电子技术为基础，以画面、声音等诉诸视觉与听觉的形象语言为信息表现形式和信息传播符号。这一层面的界定，使电视新闻区别于传统的报纸、杂志、广播等新闻信息，报纸、杂志新闻以诉诸视觉的文字符号为表现和传播载体，广播新闻以诉诸听觉的声音形象符号为载体，而电视新闻则以声音与画面等视听形象语言为载体，立体、综合地传播信息。从符号学的观点来分析，画面和声音是电视新闻的能指——"具有物质性质和物质形式的用以承载符号内容的'中介物'，是承载符号内容的表达层面"，画面和声音所表达的内容是电视新闻的所指。

二是电视新闻是对新近发生的或正在发生、发现的事实的报道。换言之，电视新闻是建立在非虚构基础之上的信息报道和传播，从而与电视文艺、电视剧等虚构类的节目类型区分开来。电视新闻是见之于事实基础上的。从哲学认识论来分析，事实是电视新闻的基础，没有事实，无以为电视新闻。电视新闻是利用电子技术传播手段对事实的反映，是主观见之于客观事物基础之上的表现形式。电视新闻需要想象力，但是想象力是见之于事实基础之上的。努力接近事实真相是电视新闻报道的目的，对事实进行深入的研究、分析、报道，从而让观众无限接近事实真相。真实是电视新闻的生命，电视新闻既要保证事实的真实、细节的真实，同时也要透过现象看本质，达到本质的真实。

三是电视新闻是信息的大众传播，是通过电视媒介来传播信息的，其信息的把关和控制具有"中心化"的特点。电视新闻区别于一般的信息交流、交换、交易，是对信息的大众传播，社会责任和主流价值蕴含其中。

（二）电视新闻节目的分类

根据信息的集合形式与整体表现形态，电视新闻可以分为不同的类型。

狭义的电视新闻是指以资讯信息为主的简短的动态报道，也就是我们通常所说的消息类电视新闻；广义的电视新闻是所有依赖于电视媒介传播的见之于事实信息基础之上的信息表达形式。在《电视新闻分类与界定》一书中，电视新闻节目被分为消息类新闻节目、专题类新闻节目、评论类新闻节目。这样的分类实际上是按照信息容量与信息所呈现出的主客观程度这两个维度来区分的，是参照传统新闻学分类法特别是报纸新闻的消息、通讯、评论三大类体裁而形成的。消息类电视新闻强调简短、动态；专题类电视新闻强调在消息基础上的深度扩展，不仅有动态报道，而且还要提供进一步的背景资料、分析与解释；评论类新闻节目则强调在客观呈现与传播信息基础上加入传播者的主观分析、评论与解释。

《中国电视节目分类体系》一书以"形态"为主要分类维度，把中国电视新闻节目分为六大类，即综合新闻消息节目、分类新闻消息节目、新闻专题类节目、新闻谈话节目、国际新闻节目和大型新闻节目。实际上，在这个分类中，不仅涉及"形态"维度，同时也有内容题材之分，比如新闻消息节目和国际新闻节目这两类就是以题材为维度与其他类别相区分的。

对比西方电视新闻界，西方电视媒体对电视新闻的分类没有"新闻专题"一说，主要是按照消息（news）、新闻杂志（news magazine）、新闻访谈（Interview）进行区分，包括讨论（discussion）、辩论（debate）、谈话（talk show）、深度报道（in-depth report/analysis）、新闻纪录片（news documentary）等几大类。这实际上是按照对事实信息的报道深入程度进行划分的。

为了把复杂的问题简单化，实际上，按照对事件信息报道的深入程度，我们大致可以梳理出电视新闻节目的一个整体分类脉络。随着现代电视媒体的发展，电视新闻节目的形态日趋多样化，比如电视新闻杂志节目和电视读报节目的出现与发展。电视新闻杂志节目更多的是一种内容的编排方式，是在电视媒体栏目化后的版块结构模式；而读报节目则趋向于电视评论节目，以多视角的观点和新闻资源的二次加工与整合形成对事件与问题的解读。

（三）电视新闻的信息元素

1.画面信息与声音信息

电视媒介依靠画面和声音元素双通道传播信息：画面信息可以分为现场信息、虚拟信息（包括动画、图表、文字）等信息；声音信息包括语言、音响、音乐三类信息，在这三类信息载体中，可以按照主客观的分类，把声音信息分为客观声音信息（采访同期声、同期音响、有源音乐）和主观声音信息（解说词、音乐、音响）等。

从电视新闻发展的趋势来看，随着技术的进步，电视画面虚拟信息在近年来得到了很快的发展，尤其是有线电视新闻频道的发展，给电视新闻画面信息的开拓和呈现创造了更多的方式。比如美国有线电视新闻网的电视画面创造了画面下方的实时滚动字幕信息以及虚拟大屏信息，通过文字、图表、动画等元素进一步拓展了画面的信息量。当然，也有专家指出，根据格式塔心理理论，由于人的知觉简化的原则，观众在接受画面信息时，总是按照自己的原则去简化吸取的画面信息，不可能兼顾画面的所有信息，因此这样多层次又复杂地呈现信息的方式是否有效，也是个问题。

此外，作为对现场信息的弥补和深化，动画新闻也成为世界电视媒体的新趋势。中国大陆电视媒体在这方面尽管有所发展，但明显不足。

近年来,动画新闻作为一种虚拟信息的视觉化呈现手段,是在画面现场信息不足的情况下,为了让观众更直观地理解信息而使用的手段。同时,它也可以成为把一些抽象信息,如数据,转变为具象信息的一种方式。但是,动画信息绝对不能代替电视新闻的现场信息,也不能成为电视新闻信息呈现的主体,更不能成为记者不去现场的借口。动画信息只能是在现场信息不足或者不能充分说明事件性质的情况下才能使用的手段。

2. 画面信息与声音信息的关系

从画面信息和声音信息的关系来看,电视新闻主要分为声画同步、声画分离、声画复合这三种。声画同步,即现场画面和现场声音同步,声音由画面中的人或物体产生,声音和画面共同传达现场信息,也就是通常所说的纪实画面;声画分离,节目的声音与画面各自按照自己的逻辑展开,声音与画面的关系是各自独立,互相补充的。即如现场画面或虚拟信息后期配上解说声音、音乐、音响等;声画复合即在现场画面与同期声的基础上配上后期解说声音、音乐、音响等。

电视新闻信息元素的这三种关系分别代表了不同的表意特征。

现场画面和声音同步的模式,也就是我们通常所说的纪实画面或纪实镜头,是对现场信息的还原和复制,信息具有现场感,画面具有很强的指向性、客观性与实证性,这种信息呈现方式通常用作电视新闻"用事实说话、用证据证明"的重要传播手段。需要说明的是,在运用这种方式的时候,特别要注意现场信息的有效性,要给观众提供有效的信息。

现场画面和声音分离的模式,也就是我们通常所指的画面配解说或音乐音响的方式,这种方式除了可以在单位时间内以精练的方式交代现场事件信息背景、人物关系、基本要素外,还可以成为表达创作者观点、渲染情绪的基本方式。在这种方式中,声音信息与画面信息存在相关性,但并不那么密切,解说词的含义未必完全指向画面。另外,解说词和音乐可以是在画面信息基础上的情绪升华以及意义象征的提升。但是,由于解说词和音乐是创作者强行附加的信息元素,因此具有创作者的主观性,往往在使用上要求有"度"的把握,如果这种外加的强制性信息不符合现场或者与观众的审美有差距,就会有越俎代庖或生拉硬拽之感,往往让观众反感。

声画复合的模式,是在现场信息相对稀疏的情况下加入解说词或音乐音响的方式,由于保留了现场的同期声,因此现场的情绪和氛围也得以保留,同时又能交代基本背景、渲染情绪。作为电视记者,最基本的能力是如何用视听语言还原事件信息，如何运用现场画面信息和同期声清楚、明晰地呈现事实，也就是如何通过视听语言用事实说话。在此基础上，才考虑用解说词或音乐、音响交代背景，提升情感和象征意义。但是，在实际创作中，很多记者恰恰反其道而行之，往往用解说词代替对新闻事件的还原和陈述，在尚未清晰明确地陈述事实之前，就妄加情绪性的音乐，没有事实的基础，何来情绪的渲染和意义的提升。这种实际工作中的操作误区往往是由创作者没有在现场捕捉到生动的、有特点的信息造成的，也是许多创作者妄求毕其功于一役的偷懒做法。这种操作方式最终造成的结果是：外加的解说词和音乐干扰了事实的呈现，电视新闻的现场画面信息成了解说文字的依附品，而新闻的理性、说服力和公信力却由此丧失。

二、电视新闻的优势

在实际的采访报道中，电视记者的头脑中应该始终琢磨电视新闻的优势和特点在哪里，进而扬长避短，把电视媒介的长处发挥出来。

（一）形象性与现场感

电视媒介的信息是"物质现实的复原"，电视具有再现性的本质特征，电视摄像机所摄取的画面、声音是客观的存在物。因此，纪实性的电视画面和声音被视为是现实的真实还原，能唤起观众的现实感和现场感，观众仿佛被记者和摄像机带入现场，去感受现场中的事件与人物。

因此，依靠现场的画面、声音、细节、动态、过程等形象性元素说话，将会极大地发挥电视媒介的特点，并使之成为电视新闻的优势，这也是电视新闻"用事实说话"的基础。从这方面而言，电视新闻最大限度地还原了事件现场的信息，无论是现场出镜记者，还是摄像镜头，都应尽量让观众清楚、明白地理解现场。这就要求记者在采访中不仅要尽量接近和深入现场，同时还要选取最能反映现场的拍摄角度，抓取最能体现现场的细节，组织最能展现现场的场信息和氛围等。

（二）动态性与过程感

纸质媒介以空间为基础排列信息，而广播和电视则以时间顺序来呈现信息，因此广播和电视都有历时性的特点。就电视而言，电视运用连续的画面呈现现场信息，在展现现场的动态方面最具优势。这种动态既包括现场人物运动、场景转换、色彩变幻等内部运动，也包括摄像机镜头的外部运动，同时，还涵盖镜头与镜头之间的编辑与切换。

由于电视新闻是对现场信息的还原，同步摄取现场信息的方式使电视新闻呈现出鲜明的过程感，每一个动态过程以及事件发展的过程都能通过电视媒介呈现出来。因此，电视新闻在呈现信息的时候，要着重考虑如何把静态的信息转换为动态的信息，如何用连续的画面栩栩如生地呈现现场的动态信息，如何把点上的信息变为具有过程感的信息。

北京卫视 2009 年首播的《档案》栏目就生动地诠释了电视媒介的这一特点。在节目中编导和主持人把珍贵的历史片段，通过录放机、投影、沙盘、资料展示等不同手段，结合主持人的叙述，形成了一个多角度的、立体的信息场。试想，单凭仅有的一些影像和文字资料，如何撑起一档半个多小时的节目？如何把一个静止的、点上的信息，通过主持人在演播室空间的游走、叙述以及对不同介质信息的展示，形成一个流动的、极具过程感的影像历史？在这一点上，可以说《档案》的创作人员做了很有益的开拓。尤其值得探讨的是，传统的电视新闻及纪录片的做法是，如果历史影像资料不足，很多节目便会用大量的万能画面进行填补，只要时代感符合就能说得过去。但这种方式毕竟给人一种隔靴搔痒的感觉。而《档案》通过它独特的信息整合方式，使所有的画面信息都具有很强的指向性，不管是沙盘的演示，还是文字资料的展示，都不仅把信息落实到了动态的影像上，而且每一个信息的呈现不是一个可有可无的万能空画面，而是体现出栏目对历史解读的当下视角与形式。

（三）共时性与空间感

时间与空间是辩证统一的，马克思曾说，时间是发展的空间。"第一时间的现场报道"是对以技术优势为基础的电视媒介的要求，第一时间报道不同空间的事件及其发展。有人说，未来电视新闻的竞争之一是电视直播的竞争。电子传播手段使信息的发生、发展与传播与观众的收看同步，信息的还原与收看呈现出共时性的特点。从西方电视媒介来看，事件类新闻的电视直播已经常态化。美国电视有线新闻网、英国广播公司、半岛电视台（AL Jazeera）等 24 小时新闻频道都强调对突发事件第一时间的现场直播报道。

近年来，中国中央电视台新闻频道也在逐渐加强新闻的现场直播。在对突发事件类新闻的现场直播中，其事件本身具有的悬念感、动态感、过程感等与电视媒介的自身优势形成契合。电视新闻直播不仅仅是演播室直播，更重要的是指现场直播报道，这也催生了主持人与现场记者连线的直播报道形式。近两年的中央电视台新闻直播中，令人印象深刻的是《菲律宾人质事件》与《泰国红衫军与政府军队武装冲突》的电视新闻现场直播。在《菲律宾人质事件》中，

11 个小时的对峙以及解救人质时的电视现场直播，使观众的感受随直播的进程跌宕起伏；而在《泰国红衫军与政府军队武装冲突》报道中，中央电视台记者张萌的现场报道令人印象深刻。这两次电视新闻直播充分诠释了电视媒介在时间与空间的信息传达上的特点与优势。

（四）符号性与感性信息

电视新闻的画面和声音信息是感性的符号形式，具有具体与直观的特点，而不诉诸抽象性和概括性。尽管电视可以依靠文字、图表等抽象符号传达信息，但电视的长处在于表现感性的存在而不是抽象的东西，否则，便与文字媒介无异。

因此，电视新闻的一个要点是，如何用感性的画面和声音语言向观众传达信息、表达情感和升华意义。此类案例比比皆是，例如，《一行人横穿快速路被撞身亡》"9·11"事件报道，其中的影像冲击是极具震撼力的；而《北京市二环路改造工程竣工》的两位老人采访叙述、《汶川地震记者偶遇受灾老人》的白描式段落、《驻伊士兵回国父子团聚》的鲜活语言都给观众留下了深刻的印象。

（五）立体性与形象信息

如果把电视新闻放在人类传播的历史坐标上看，可以发现，人类传播的终极目标是将信息实现远距离的最大还原与传播。在信息传播方面，与历史上的报纸新闻、杂志新闻、广播新闻等相比，电视新闻的特点在于利用形象的画面和声音还原物质现实。从媒介传播的轨迹来看，这是顺理成章的发展逻辑。人类的早期传播是口口相传、面授耳听，随着纸质媒介的出现，信息传播的距离被延展，按照麦克卢汉的理论，媒介成了人的延伸。但是，纸质媒介虽然扩展了信息传播的距离，却损失了所传播信息的含量，报纸作为纸质媒介的大众传播工具，大大损耗了对信息的还原度与传播度。广播的诞生则部分还原了声音信息，使事件现场以声音的传播轨迹得到传播延展。电视媒介则通过画面和声音双通道信息还原现场，并实现了远距离传播。随着互联网的发展，信息传播的广度和深度得到进一步拓展。电视新闻视频在网络上与其他信息形态形成融合，共同传播信息。

海德格尔曾说："世界被构想和把握成图像。"电视媒体正是用视听语言传递信息、构造人们对世界的印象的。电视媒介声画一体的技术特性，决定了电视可以采用形象的活动画面，这里的画面指的是声画一体的画面。声画一体的电视画面是信息传播的载体，也是电视新闻传播的基础，电视记者主要是通过画面来报道事实，而不是单靠文字叙述来描写新闻事态。这是电视媒介传播的特点，也是电视采访的特点。尼尔·波兹曼认为："电视最大的长处是它让具体的形象进入我们的心里，而不是让抽象的概念留在我们脑中。"随着传播媒介的发展，电视新闻的传播路径或终端发生了变化，但无论称之为电视新闻还是视频新闻，其形象叙事的特征并没有发生根本的变化。

第二节　当代电视新闻的职能

电视新闻在电视媒体中的突出地位主要是通过电视新闻职能的充分实现来确立的，电视新闻的职能如下：

一、报道新闻

（一）报道重大事件

电视新闻在报道重大事件上发挥了重要作用。报道重大、突发性事件，尤其是和人民群众工作、生活息息相关的灾害性事件，不仅可以满足人民群众知情的心理需求，更重要的是能够使公众对事件有一个准确的、全面的了解，以便迅速作出正确的决策——或消除疑虑，或帮助澄清，或参与救援……

（二）报道民生新闻

报道民生新闻不仅是主流媒体接近受众的一个途径，而且也是电视媒体扩大收视率的手段。涉及人民群众衣食住行的诸多事实，都可以成为电视新闻报道的内容，民生新闻尤其应该关注普通百姓的生存状态，帮助他们排忧解难。

此外，对文体娱乐新闻事件以及对观众有知悉意义的其他新闻，都应该进入电视新闻的报道视野。

（三）报道领导人的活动

报道领导人的活动，目的是要实现领导与群众的沟通，满足公众知情的要求。通过报道领导人的活动，还可以让观众了解最新的重大事态。因此，无论是中央电视台的新闻联播，还是各省市电视台的新闻联播，都需要安排适当的时段来报道各级领导人的公务活动。让群众了解各级领导人的公务活动还有另外两个方面的意义：一是用以塑造各级政府和主要领导人的正面形象；二是用以作为实施舆论监督的一种手段。

（四）报道新近发生的重大党务、政务

我国新闻媒体的基本属性决定了各级电视媒体要在新闻节目中积极报道中央和地方政府新近发生的重大活动，成为发布政令的重要工具。在准确传送党和政府声音的同时，电视媒体也分享了人民群众由于对党和政府的信赖伴随而来的对媒体的信赖，并因此在社会大众中获得了普遍的公信力和强大的品牌号召力。

（五）报道国际新闻并对外报道新闻

电视新闻对外信息传播能力关系到国家话语权的构建。我国广播电视的发展需要顺应世界文化发展的潮流，用更加宽阔的视野来观察国际社会的发展趋势，及时报道国外境外的相关信息动向，积极向国际社会传播中华民族的优秀文化，表达我国政府和人民的立场，以进一步拓宽我国的国际话语空间。

（六）报道党和国家的路线、方针、政策的新动态

报道党的路线、方针、政策的新动态、新亮点，目的是让这些路线、方针、政策在人民群众中达成共识。近几年，电视新闻传达政令的功能进一步得到强化。如今中央电视台《新闻联播》已经成为名副其实的"要闻总汇"，其第一版块时政新闻传达的是中央的最新精神，包括新出台的重大政策，发挥着党、政府和人民的"喉舌"作用。各省市的电视媒体也必然要做本省本市的新闻联播，并用其中的一个版块传播地方政府的意志。

二、提供信息

广义的信息指所有对象在相互联系过程中呈现出的各自的属性，狭义的信息是指能够消除接触者随机不确定性的物质。新闻学中的信息用的是狭义的内涵，即所谓新闻信息，就是新闻的接收者从新闻传播内容中获得的原先不知道的或不确定的具体事物。

信息必须包含新的情况、新的知识、新的内容，这是信息最基本的特点。信息可以共享，正是共享性才使信息得以传播。信息在传播过程中可以压缩，也可以扩展，还可以组合。两个以及两个以上的信息的有机组合，可以产生新的信息。信息又都是相对的，信息的相对性体现在某个信息并不是对所有人都有用，因为接收者内在的需求不同。

传播信息是电视新闻的主要职能。清晰、可靠的信息将有效消除或减少人们认识上的不确定性，因而是科学决策的重要依据。在市场经济条件下，信息

资源既是企业用来寻找产品市场、扩展经营领域、实施战略定位的重要资源形式，也是个人形成价值判断、做出合理选择的关键资源。

电视新闻提供信息的职能要求电视新闻工作者首先要在观念上明确提供信息、致力于消除观众的不确定性是电视新闻媒介的基本职能，而且一切宣传都只能建立在提供信息的基础之上。其次要变一次性的终端报道为分阶段的连续报道，通过加强深度报道、综合报道、新闻评述，努力提高信息服务的质量。

三、引导舆论

西方国家的一些学者认为"舆论"一词包含着"天然的正当性"，只可"遵从"而不可"引导"。二战后，一些学者虽然认识到"舆论"本身在特定情况下可能包含的危险因素，但这在西方思想家看来还不足以构成"引导"舆论的理由。

我国从不否认新闻媒体通过设置报道话题、突出报道重点、加大某些话题内容的报道量、控制某些话题内容的报道量等方法，在引导社会舆论发展走向上可以发挥突出效能。

电视新闻画面的"现场实证性"使其所传播的对受众具有丰富知悉意义的现场画面极易吸引观众，不仅能够将人群聚集在电视屏幕前，而且还能直接作用于观众的思维观念，影响他们的生活方式，甚至让他们跟着电视画面设置的议程走。这就使其在按照主流意识形态的要求引导社会公众舆论上占据了特殊的优势，发挥了最广泛的影响。

四、监督环境

这里的"环境"主要是指社会生态环境。电视新闻主要通过公开批评，并通过公开曝光被批评的事实和相关人员来实现监督环境的职能。电视新闻通过录制被批评对象和被批评现场的真实画面，并以直接将其形象在屏幕上曝光的方式，在环境监督上发挥出巨大威力。

五、传播科学知识

知识是对人类社会实践经验的总结，是对大量信息进行思考和提炼以后形成的。新闻传播的某种信息不仅可以消除接收者的不确定性，而且对不了解该信息的人来说，还可以改变他原有的知识结构，使其增加新的知识。在有些情况下，信息和知识还可以相互转化。

电视新闻形象、直观、通俗。观众借助屏幕，在有意识或无意识间接触了文化，开阔了视野，丰富了生活，获得了一定程度的满足。2003年5月23日下午3时左右，长沙市世界之窗马戏团4岁的东北虎"雪儿"，成功产下一只小虎崽。湖南经济电视台，在产房架设7台遥控摄像机，对"雪儿"产崽进行了两个小时的现场直播。报道说：通过电视画面可以看到，"雪儿"产崽前的一刻十分安静，不停地舔着"产房"的木地板。下午3时左右，"雪儿"开始半蹲着身子，腹部剧烈抽搐起来，大约两分钟后，金黄色的小虎崽呱呱坠地，像是被包在一个薄膜里缩成一团。刚出生的小虎崽全身湿漉漉的，眼睛紧闭，一动也不动，体重大约1000克。在这场老虎产崽的直播中，摄像机的镜头延伸了观众的视线，满足了观众猎奇的心理，也让观众直观地获得动物生产繁衍的知识。

第三节　电视新闻的价值要素

一、电视新闻价值的界定

（一）新闻价值

"新闻价值"这一概念的产生，最早始于19世纪30年代西方报业的"大众报刊时期"。在大众报刊市场竞争中，报刊只有多刊登有吸引力的新闻，才能扩大读者面，提高市场占有率，招揽到更多的广告，从而给报刊带来稳定的收入。因此，报刊要确立一定的标准，用以衡量哪些新闻事实更能吸引读者，给自己带来更大的利润，这个衡量标准被称为"新闻价值"。

所谓新闻价值，是指事实本身所具有的足以构成新闻的特殊素质的总和，其包含的特殊素质越多，新闻价值也就越大。

通俗来说，新闻价值就像一把标尺，以它的刻度来衡量对象，如果它符合设定的标准，则被认为具有一定的新闻价值。对于不同的国家与媒体而言，这个标尺的设定标准是不同的，需要针对不同国家新闻行业的具体要求进行探讨。但就新闻的本质来说，一些基本的新闻价值标准是普适的。

当今社会，信息被认为是最有价值的资源。在日常生活中，人们也需要获取信息、沟通交流。因此，新闻事实在传播过程中能否满足人们的知晓需要，便成为衡量事实是否具有新闻价值的首要标准。

除此之外，新闻事实是否能帮助人们认识新事物、获取新知识、愉悦身心或获得一定的情感和审美享受等，则是记者衡量新闻事实和受众评判新闻价值的其他标准。

（二）电视新闻价值

方汉奇、李矗先生主编的《中国新闻学之最》认为，中国最早论述电视新闻的著作是胡道静撰写的《新闻史上的新时代》。自1946年起，电视新闻这个概念便已经出现在了专业视野中。

学界对新闻价值的研究是伴随着新中国新闻事业的发展而同步发展的，虽然出现了大批以电视媒体为研究对象的著作，但迄今为止，对电视新闻价值的界定仍未有统一的定论。

电视新闻价值，顾名思义，就是以电视为传播中介的事实本身所具有的、足以构成新闻的特殊素质的总和。同样，其包含的特殊素质越多，其电视新闻的价值也就越大。

与新闻价值相比，电视新闻价值似乎只是多了"电视"两个字，其实不然。在大众传播媒介中，媒介的不同性质和地位决定了传播内容和传播方式的不同。

从横向来比较，以大众传播的主要媒介为例，报纸的平面性和便携性、广播的听觉特性、电视的画面感和技术性，还有网络的丰富性和非线性选择等，不同的媒体具有强烈的自我特征，在内容选择和传播方式上有着较强的针对性。因此，在衡量某个事实能否成为新闻时，必须要考虑传播载体，也就是媒介的不同特性，这样才能有效地利用媒体进行信息传播。

从纵向发展来看，我国的电视媒体行业实行"四级办电视"的制度，国家级电视台、省级电视台、地市级电视台、县级电视台，层层分治。大到如中央电视台，其信号可以覆盖全国；小到地市级台，只辐射当地。

因此，对地位不同的电视台而言，电视新闻的选择要根据电视台的自我定位、目标受众、社会影响力等各方面来判定，即对电视新闻的价值要素判断要有所不同。比如说，中央电视台所选择的新闻大多是影响力覆盖全国的时政要闻、国际新闻等，而地方电视台则更注重选取一些民生新闻题材，以迎合本地观众的喜好。简而言之，就是收视对象不同，电视新闻的价值考量也不同。

二、传统新闻的价值要素

西方新闻学术界一致认定：新闻价值的构成要素有五个，即及时性、接近性、显著性、重要性和人情味；读者兴趣要素有八个，即个人关注、同情、反常、进步、斗争、悬宕、两性关系与年纪、动物。

我国新闻学术界关于新闻价值的构成要素进行过很长时间的研究，认为新闻价值包括时新性、接近性、显著性、重要性和趣味性五个要素。

时新性：指新闻事实的新近程度和新闻报道的及时程度。事件发生与报道的时差越小，新闻价值越大。

接近性：指新闻事实、新闻报道与受众的接近程度，包括地理、利益和心理等方面的距离远近。距离越近，新闻价值越大。

显著性：指新闻事件参与者及其业绩的知名程度。地位和业绩越显赫，新闻价值就越大。

重要性：指新闻事实和新闻报道的分量及重要程度。内容越重要，新闻价值越大。

趣味性：指新闻事实和新闻报道引发受众兴趣的程度，其实质是新闻事实和新闻报道对受众精神与情感的满足。

我们把新闻价值要素归纳成几个相对客观而稳定的价值要素，但是，这种抽象而简洁的标准只是一个参考，具体问题仍需要具体分析，而在实践操作中，不同的媒体对新闻价值的判断与理解是千差万别的。

三、电视新闻的价值要素

基于对传统新闻价值要素的理解，大致可以归纳出一些电视新闻的独特基本价值要素。

（一）可视性

近年来，基于图像的电视新闻已经呈现出一种新闻叙事的强势。电视新闻以画面为中心，将不同景别、不同角度、连续活动者的图像画面组合在一起，用来叙述新闻、反映现实，这就是电视新闻的叙事手法。画面是电视媒介的基本要素，也是电视媒介相较于其他媒介具备的最明显特性。生动立体的画面和逼真的现场声音，还有通过镜头的不同组接而产生的隐喻或联想，使电视媒体在表现事实时可以超越事物表象，多层次地展现事实真相、丰富报道内容，同时吸引观众的眼球。一言以蔽之，即"新闻要好看"。

1. 动态感、过程性

过去我们对新闻的要求是向社会大众展示事实真相，重点在于结果。而在多媒体越来越显现出自身的优势时，新闻已经不再仅仅是为了展示结果，事件发生的起因、背景、过程、结果都成为新闻工作者需要逐一展现的内容，而新闻工作者本身对于这一事件的调查和报道，也自然而然地成为新闻报道的一部分，电视新闻尤其如此。

连续结构的、声画一体的信息形态是电视媒体与生俱来的优势，物质现实的复原与纪实再现是电视新闻的特点，因此，对于事件过程的追求便成了电视新闻自然和必然要发生的改变。过程性包含两个方面：一是新闻工作者负责向受众展示整个新闻事件的起因、发展、结果，以及相关的背景资料等，这对于一般新闻媒体而言是定律；二是电视新闻工作者的特殊之处，记者本身对于事件的调查，会有一个从未知到求知到知晓的过程。事件发展的过程性和记者调查的过程性为电视新闻，尤其是一些深度调查类新闻报道，提供了画面素材和吸引观众的细节，使新闻具有了动态感和过程性。

因此，在判断电视新闻价值要素时，要考虑该事件是否适合用电视画面来展现，过程的展示是否具有亮点、细节或者小高潮等。事件发展和调查过程中看似极为平常的一些事实，如果电视新闻无法将其基本特性予以展示，其新闻价值就表现不出来。

2. 现场感、同步性

电视画面展示了新闻发生和调查的全过程，同时也将观众带到了现场，让观众同步地去感受新闻现场。现场感的营造一般靠两点：一是画面记录事件发生的全过程，用镜头让观众的内心参与进来；二是展现记者调查采访的全过程，此时记者不再单纯扮演新闻工作者的角色，而更像是事实的见证者，他以普通观众的视角，提出质疑或解答新闻事件的真相。画面给观众带来现场感，记者角色设置带着观众同步接触事件发展过程，这才构成了电视新闻给普通观众带来的现场感和同步性。

因此，对于事实的选择，还要考虑该事件是否适合用现场展现，尤其是过程、细节能不能调动起观众的积极性。使普通观众产生参与感，是电视新闻选材的重要因素，随着电视直播的日益普及，同步性越来越成为电视媒体的优势。对于新闻而言，直播无疑最大限度地提高了其时效性，使我们能够密切关注新闻的最新变化。这一类新闻选题，其价值判断更倾向于重大的突发性事件，因为题材本身重大，影响广泛，并且往往展现出继续发展的趋势，值得电视新闻进行持续性报道，同步关注事件的最新进展。例如，几次对大地震的报道，还有重大的奥运会直播报道等。这些报道都能让观众同步见证新闻事实的发展变化。

最能凸显同步性和现场感特点的新闻事件就是新闻现场报道。例如，2011年8月19日下午3点20分，从西安开往昆明的K165次列车两节车厢在四川广汉市坠江，经过营救，车上乘客全部被安全转移。当天下午6点，中央电视台新闻频道的《共同关注》连线了新闻现场的记者，通过采访和观察，镜头带着我们看到了垮塌的河堤、断裂的火车，还有被大水冲出的两节车厢，还原了当时列车坠江的周边环境及人员营救的全过程，将观众引入现场，与乘客和营救人员一同经历了这场惊心动魄的救援。

（二）参与性

所谓的参与性，并不是指参与到具体的电视新闻的制作或播出中，而是寻求一种大众心理的参与。人或多或少都有表达的欲望，缺少的只是表达的渠道，正因如此，网络出现后不久即迅速蹿红。这不仅是因为它有海量的信息，而且还因为它能使每个人都成为传播者，从而给一些人提供了抒发和解压的手段。可以说，网络作为一种大众传播媒介，在受众参与上已经发展得较为完善，为受者和传者提供了一个很好的平台，可以将大家的意见、看法汇集起来，形成强大的网络舆论力量。

我们不能忽视这种参与的力量，对于媒体而言，能够抓住受众的眼球、反映受众的想法，无疑就抓住了受众的心理，培养了节目的忠实观众。电视媒体可能不如网络参与性强，但是也已经开始逐步重视参与性在一些节目里的运用。现在，选取能够融入多媒体信息或观众参与的题材，已成为电视新闻新的价值要素标准。它虽然是基本要素的附加值，但却会给电视新闻带来新的价值。

电视媒体参与的对象分为两种：一是媒体，二是观众。

1. 多媒体介入

在媒体竞争如此激烈的环境下，谁能为观众提供最丰富的信息和最大的便利，谁就掌握了制胜的法宝。电视新闻对其他媒体新闻内容和形式的运用，无疑是有利于电视媒体长足发展的。因此，在新的媒介生态环境下，电视新闻价值的判断标准中不得不加入运用多媒体手段这个因素。

在电视新闻里利用其他媒介方式已经比较常见。例如，凤凰卫视的《有报天天读》用电视表现手法来解读报纸新闻，将两者有机地融合起来，既深入解读了报纸新闻，又运用电视手段向观众传播了简单易懂的信息。再比如，新闻直播间里也经常引用互联网上的信息，利用其快捷及时的优势，给电视新闻注入鲜活的资讯。

2. 观众参与

其实，电视新闻很早就开始了嘉宾参与的实践，只是那时候介入更多的是专家、学者、名人等所谓专业人士，而普通观众融入节目的很少。然而，往往普通观众的看法和意见才能代表最大众化的心理需求。

观众参与的方式也有许多种。比较常见的是观众在演播室里直接参与节目，观看节目的同时表达自己的观点；另外就是电视台发起的观众意见征集活动，或以问卷调查、随机访问的形式等搜集观众的看法；还有就是观众自发地在各个网络论坛上发表自己的看法。

第四节　电视新闻的传播特性

一、真实性

真实是新闻的生命，是新闻的质的规定。电视新闻与报纸、广播等其他媒体的新闻一样，必须恪守真实性原则，这是一切新闻媒介赖以生存和发展的最重要的基础，是赢得受众信赖的最基本的条件。

新闻学的理论告诉我们，社会变动事实的信息是电视新闻的本源，只有确实存在和发生过（或正在发生）的事实的信息才可能成为电视新闻。电视新闻不仅要求取材于客观存在的事件、人物或社会现象，而且电视记者在采访制作新闻时，还必须努力从社会背景、历史进程中去把握具体事实的可靠性、相关性和它可能的发展趋势，努力做到新闻报道具体真实和宏观真实的一致，或者说现象真实和本质真实的统一。

真实性是所有新闻报道共有的特性。但对电视新闻而言，在具体报道中还必须充分考虑电视多符号传播的特点，从声画局部信息到整个新闻报道都要真实准确。在电视新闻报道中，声音和画面都是新闻信息的载体，要确保新闻真实，首先要对现场画面和同期声等视听材料进行严格把关，防止出现以假充真、以偏概全的情况。比如，一则报道某市文化下乡活动的新闻，画面中是几张桌子，两三个前来咨询的村民，可新闻稿（解说）却说文化下乡活动受到当地村民的热烈欢迎，声画内容明显不符，让观众不禁哑然。

因此，电视新闻要确保每一个画面和同期声的真实可信，要能经得起亿万观众的审视，任何取巧和失实，都会损害电视新闻报道的可信度，甚至损害人们对于整个电视媒介的信任度。

电视新闻要做到真实，电视记者、电视编辑就必须坚持实事求是的作风。具体而言，电视新闻采编制作人员在采访新闻中，应该深入新闻现场，全面地了解新闻事实，努力摄取第一手声画材料。在编辑和制作新闻时，要顾及声音、画面等信息内容指向的一致性，不仅单一画面或声音是客观真实的，而且还要确保同期声、现场画面以及文字稿匹配后新闻信息整体的真实可靠。

二、时效性

新闻传播的时效，即新闻事实从发生到被报道传播开来之间的时间跨度。时间跨度长，时效性差；时间跨度短，时效性强。时效是构成新闻的一个重要元素，时效体现的是新闻价值。现代生活节奏加快，人们在信息诉求上求快、求新的欲望越来越大，因此，时效性在新闻传播中占据越来越重要的位置。

电视新闻与其他大众媒体新闻相比，其时效性有着更丰富的含义。

一是新闻传播迅速及时。电视新闻凭借微波技术、卫星通信技术、网络数字技术等现代科技，在新闻传播中可以获得比其他大众媒体更为快捷的传播时效。有学者将电视新闻的时效性称作迅即性，以此强调电视不但可以报道刚刚发生的新闻，而且可以同步报道正在发生的新闻。而与后者共时空的"现场直播"是最能体现电视新闻时效性特点的报道方式。

二是电视新闻的时效性是一个不断发展的概念。从时效性角度看，电视新闻的发展史，其实就是一部人类不断逼近新闻发生第一时间的历史。鲍列夫在其《美学》一书中提道："电视就是因为产生了希望能当时、当日，以直观记录的形式，真实准确地传播并从思想和艺术角度加工当代生活的事实和事件的那种需要才出现的。"电视 ENG（电子新闻采集）采访方式的运用，大大简化了节目的中间环节，缩短了报道所需的时间，提高了电视新闻的时效。EFP（电子现场制作）方式则进一步使新闻报道与新闻事件处于同步状态，带给人们第一时间目睹新闻事件的全新的心理体验。

现在，电视新闻报道中越来越多地运用卫星传送信号、网络辅助报道和现场直播等技术，使电视新闻能够通过天上卫星、地下网络进入千家万户，使新闻的时效达到了与事件同步的程度。

尽管电视新闻传播有着报纸、广播等媒体无法比拟的时效优势，但仍需要传播者树立新闻时效观，重大新闻必须抢在第一时间发布。在这方面，电视新闻有卓越的例证。2008 年 5 月 12 日 14 时 28 分，中国四川省汶川一带发生里氏 8 级大地震，面对突如其来的大灾难，中央电视台和四川电视媒体迅速应对，在半个小时内，就将这一重大消息传播出去，显示了电视媒体时效快的优势。

时效是一个变量。今天，受众对时效的要求不断提高，一天前的新闻已经没有多少价值。时效是受众的需求，也是媒体竞争的重要方面。电视的优势技术占据着领先地位，直播已经成为电视新闻时效性的标志。

三、审美性

（一）电视新闻图像的审美特性

美的事物总是形象的、具体的，总是凭着欣赏者的感觉可以直接感受到的。而与广播新闻、报纸新闻相比，电视新闻最大的优势与特点就是它的图像更具形象性。

电视新闻记者总是尽力将最符合美的规律的图像呈现在受众面前，可能有些图像是很美的，但有的又不是很美，如在纪实状态下画面不太稳定，构图不太规范，但它与新闻的内容、新闻的解说词是和谐的，因此这样的画面它也是符合美的规律的。

作为电视新闻记者，总是应该在遵循真实性原则的基础上，尽量选择完整、准确、优美的画面——毕竟"爱美之心人皆有之"，这样既能更好地表达主题，也增强了新闻传播的实际效果。

（二）电视新闻有声语言的审美特征

电视新闻在确保事实准确的前提下，尽量用生动的语言塑造语言美，是人们运用语言进行交际活动和创造活动时的一种审美追求。在不同的交际活动和创造活动中，人们所使用的语言是有差别的，语言美的体现也是不尽相同的。新闻采访活动，从它与受众的关系看，可以说是一种交际行为，从它与记者的关系看，又可以说是一种创造行为。新闻作品，包括电视新闻作品的语言美，是指它的语言体系所固有的审美属性和所呈现出来的审美价值。电视新闻作品的语言美，既是新闻记者审美创造能力的一种体现，也是电视新闻产生吸引力和生命力的必备条件之一。

离开了语言，就没有了新闻活动的存在。即使是以形象和画面为主要媒介的电视新闻，离开了语言解说，最多也只能是早期的无声电影一类的东西，也很难成为严格意义上的新闻作品。

语言是人创造的世界，它和人创造的其他世界一样，既是丰富多彩的又是美丑混杂的，不同的人，不同的活动，所使用的语言是不同的，都会表现出自身的选择性。这种选择性，既可以是实用的，也可以是审美的。电视记者在写新闻解说词时，在保证事实准确无误的前提下，为了突出作品的审美意义，应根据新闻的审美原则对语言进行审美选择。

电视新闻语言审美选择的要求，在人们的语言活动中主要是准确、鲜明、生动。

"词表现美，首先在贴切。这是语言美的第一个品性；在恰当的语境中选用了恰当的词语。在一群同义词中选择的细微差别，这正是向恰当、贴切无穷靠近的过程，所谓贴切或恰当，就是在细微差别处显出贴切，就是有差别地表现意象，有差别地表现感情，有差别地表现思想。选择同义词就是选择同义词中的不同。这个选择过程证明，意象（形象）的感受、美的感受，最终要落实到词的表现力上。所以，选择同义词就是在实用和审美上选择最佳效果，这就是同义词的美学意义。"

在电视新闻写作中，由于有画面在先，不少记者忽略了语言的作用，忽视了对解说词的字斟句酌。其实，解说词的准确生动对电视新闻的表现力、感染力十分重要。在一词多义、一物多名的情况下，我们要尽量使用常见之义、通行之名。电视新闻写作中用词的生动性要求，主要指新闻记者对事物性质、情况的描绘要形象，要活灵活现，对思想认识的表达要细致、具体，使读者易于接受，便于理解。

由此可见，电视新闻写作中的生动与真实是相互联系的一个整体性要求，不能割裂开来。真实是生动的基础和前提，抛开了真实，生动不仅失去了意义，而且有可能流于油滑和肤浅；生动赋予真实内容以更强的表现力和感染力，是真实进一步发展的必然。

四、个性化

电视新闻语言要达到生动鲜明，必须要做到个性化。所谓个性化，是指电视语言文字运用要合乎新闻事物的特征，不要硬贴上去，沾不上新闻事实的边，造成"两张皮"的现象。宋代诗人黄庭坚曾说："欲得妙于笔，当得妙于心。"写出富有个性化特点的电视新闻文稿，除了靠电视新闻记者的主观努力和对新闻事实的感受外，还要努力深入基层，到人民群众生活中去用心观察，认真揣摩人民群众的语言，从中挖掘提炼出能反映事物特征的语言和文字。只有"词浅"才能更好地与观众进行感情交流，只有"言近"才能符合事物的特征，使人感到亲切自然，只有"旨远"才能提升电视新闻的品位，增强电视新闻的传播效果。

电视新闻综合语言的表现，需要采、摄、写、编、制、评、播等多个环节的密切配合，互为补充，整体推进，无论哪一环节出现一小点失误，都会对电视新闻综合语言的全面表达造成始料不及的影响乃至传播失败。电视新闻在传播接收过程中，通过电波或有线电缆传递载有信息的图像、文字、色彩、声音、音乐供观众收听收看。电视新闻各种信息符号综合传播都遵循"视听结合、图文并茂"的基本规律，因此形成电视新闻传播的视听诸元素是丰富多彩、层次纷繁的。我们要从电视新闻的内容出发，把握好视听诸元素的综合职能特点，对它们作出全盘合理的调度和安排。电视新闻记者、编辑要熟悉电视综合语言各种元素的表现力，在画面的基础上发挥好语言文字等多种表现元素传播信息的合力效应，以增强电视新闻的信息含量，增强可视性，同时还能避免个别电视新闻画面的单调，加大电视新闻的有效信息量，加深电视新闻报道的感染力，提升电视新闻观众的审美享受。

电视新闻文稿写作要由观众的接受规律来决定。观众的接受心理状态，表现在一般传播规律上，主要有：喜"新"厌"旧"，即喜欢听时效性强的新闻报道，厌恶时过境迁、慢半拍的新闻；喜"肥"厌"瘦"，即喜欢看内容新颖、富有情趣的新闻节目，不爱看毫无趣味的新闻报道；喜"软"厌"硬"，即喜欢亲切悦耳的写作文风和播音方式，不喜欢生硬干涩的新闻节目；喜"富"厌"贫"，喜欢内容丰富多彩、形式活泼多样的电视新闻节目，厌恶内容贫乏形式呆板老套的新闻节目；喜"近"厌"远"，即喜欢在地域上或利益上与自己比较接近的新闻，对相距太远或与自己利益关系不大的报道则漠不关心；喜"短"厌"长"，即喜爱言简意赅、短小精悍的报道，而对篇幅较长、不简明的新闻报道则不感兴趣。

针对观众的审美心理和接受习惯，按照为听而写、为看而作的总体要求，我们在电视新闻文稿写作过程中必须注意：以具体形象的事实说话，写的短小精悍，语句简短有力，通俗易懂。

电视新闻从"播"到"说"，顺应了现代审美文化的变化趋势。"播新闻"是电视新闻传统的传播方式，"说新闻"是电视新闻顺应现代观众审美心理而创新产生的新的传播方式。

"说新闻"给人明快新鲜的感觉，表现为语言口语化，语体结构松散，对语境依赖性强，"说者"个性鲜明，与受众心理距离贴近，平等、交流感强，保持了其在人际交流中的传播优势。国内对"说新闻"这一节目形态做了大胆的探索和有益的尝试，产生了一批有吸引力的节目。从北京卫视的《元元说话》《第七日》，江苏卫视的《晚间播报》、中央电视台综合频道的《现在播报》，都以"说新闻"的节目形态出现。如此多新节目的出现，说明新闻播音由播到说的变化，不是空穴来风，而是具有一定的社会基础的。这些节目的出现，发展乃至收视率的提高，证明了观众接受了它，认可了它。

从电视新闻的语言特征来看，说新闻与播新闻有着较明显的区别，传统的播新闻，要求播音员保持规定的姿态，包括头、颈、肩、腰甚至腿的正确摆放姿态，因为坐"塌"了或坐"僵"了，都会使播音变"软"或变"硬"。为了追求播音美感，播音员除了必须正襟危坐外，还要求字正腔圆，讲究"胸腹联合式呼吸"，口腔要打开，字还要"立得住"，就如同老虎妈妈叼着小老虎跳越山谷，不能咬死，也不能咬松。

说新闻，更倾向于自然、清新、随和、有亲和力。也可以说，现代审美对现代播音的宽容度更大。一方面，在"说"的时候，对播音员的音质要求没有从前严格，不再需要千人一面的嗓音，只要有特点，有个人声音的魅力，对播音员的语言要求不再那么严格，可以自然些，口语化一些。"说"新闻时，播音员的喜怒哀乐都可以显现在脸上，声音状态的把握更多随情绪的起伏自然流动。湖南卫视的《晚间新闻》，主播讲述的角色化、新闻内容的故事化以及新闻结构的戏剧化使这一节目的故事化趋向极为明显。主播用夸张的语速，幽默化的方言，将市井杂事娓娓道来。在《晚间新闻》中始终可以听到新闻事件中人物的方言土语和现场声音，故事化的播讲方式随处可见。

电视新闻从"播"到"说"，也在另一个层面上揭示了现代美学的另一个审美特征，即平民意识。有些人认为平民意识就是为人民服务，这其实是一种误解，平民意识从来就不是这种居高临下的管理手段，而是一种在人类命运面前、在人格面前人人平等的价值判断。新闻播音从"播"到"说"，摒弃了原有的咄咄逼人、拒人千里的疏离感，不再是警告、告示和通知，而仿佛是邻家那个消息灵通的小妹嗑着瓜子在与你聊天，这便是平民之间的交流。"说新闻"节目从形成到上文四种趋向的出现，均以受众心理与需求为主，把话筒与镜头对准百姓的生活空间，讲述民众关注的事。体现了"以人为本""受众为本"的创作理念。这种理念体现对人的生存状态的关注，对真实社会生活的关注，对真实社会心理的关注。各个不同时期的社会心理以及百姓由此对媒体的接受需求并非一成不变的，"说新闻"节目只有善于发现这些变化，抓住这些变化，适应这些变化，才能不断创新、发展。

成功的"说新闻"节目也是主持人语言方式与节目本身内容的高度统一。原汁原味的生活内容的记录，原汁原味的主持人本土口语化语言的讲述，主持人的大众化形象，用以人为本的平民化视角关注社会生活等都是这类节目成功的关键。

"说"新闻，是对传统"播"新闻方式的创新，但并不等于是完全代替了"播"新闻。应该说，二者各有所长，各有存在的空间。当今电视新闻播音作为人类一种特有的艺术活动，以主要两种不同的风格在同时满足着人们不同的审美观和价值观。更多的人已经习惯了播新闻的严肃，认为那是一种真实和权威，越来越多的人欣赏着说新闻的活泼，相信那是一种生活和亲近，新闻播音人员也在以自己的责任心和探索精神满足着人们不同的审美需求。

当今，我国正处于一个复杂的社会转型期，传统的、现代的、东方的、西方的各种观念和经济思潮在激烈地碰撞融合，因为发展的极不平衡，处于不同历史阶段的各种艺术形式在我们这个国度里都能寻找到。新闻播音作为一种特殊的审美行为既要接受不同人群的情感价值判断，还要接受注意力经济以及媒介产业经营的质问。伊格尔顿说，"社会现象已经普遍商品化，什么是经济的也就是审美的"。

五、倾向性

新闻的本源是客观存在的事实，但客观事实一经采集、组织、报道出来，它就隐含了作者的主观性，以及媒体的观点和立场。其实，从选题、采访、确定主题、写作到发布新闻，无疑隐含了作者的主观性。主观性就是倾向性，在非大同社会（阶级社会），倾向性（主观性）集中表现为阶级性和党性。

中外新闻媒体的实践说明，任何一个国家的新闻媒介和新闻报道都存在着阶级立场和主观倾向，它们总是为掌握着媒介的那些利益集团和政党说话的。英国格拉斯哥媒体研究组成员在《糟糕透顶的新闻》中宣称："我们的研究发现，广播机构是极端等级制的，他们与一些'官方的'和公认的消息来源保持着密切的联系。"西方两位传播学者丹尼尔·戴扬和伊莱休·卡茨在对大量的电视现场直播案例进行研究后发现，"事实上，这些中心事件（指媒介事件）的大多数是对现状的赞美，是对精英集团的合法化，是对国家兴旺的重申。"

在我国，我们党和政府从不讳言新闻具有倾向性、阶级性和党性。党中央曾多次强调："广播电视是教育和鼓舞全党、全军与各族人民建设社会主义物质文明精神文明最强大的现代化工具，也是党和政府联系群众的最有效的工具之一。"我国的新闻媒介担当着党和政府的耳目喉舌的功能，所以，所有的新闻工作者包括电视记者、编辑必须充分认识到新闻的阶级性特点，坚持正面宣传为主的方针，通过新闻实践来积极宣传党和政府的各项方针政策，发挥新闻媒体在信息传播、情感沟通、舆论引导方面的强大优势，促进社会稳定和经济、文化的健康发展。

六、敏感性

电视新闻同其他媒体一样，也有敏感性。有学者曾说，想要简要勾画一个人的灵魂，最重要的是勾画他的眼睛。从古至今，绘画作文都讲求凝练、简洁。电视新闻摄录人员的摄像机就好似画家的笔，他们需要的是最能表达主题、最富有代表性、最能体现其本质的镜头。电视新闻的摄录通常都是在固定时间内完成的，善于抓住敏感的部分是摄录工作人员所应具备的最重要的素质，即要求能够在短时间内观察并判断出什么是有价值的信息、什么是重点拍摄的信息、什么是报道中必须要存在的镜头等。

通常新闻采编人员根据新闻的社会价值及广大人民群众的利益做出相应的编排，新闻工作者应具有判断一些事实在整个局势中的地位极有可能产生的某些社会影响的能力。

新闻能否受到关注，其敏感程度是非常重要的指标之一，新闻工作人员应当把重心放在这里。由于电视台的先天优势，能够对敏感新闻优先报道以及跟踪报道，新闻工作人员应当更好地把握事物的发展规律，客观、敏锐地判断事物的敏感程度，在编辑新闻时，学会取舍，着重选取人民群众所关注的敏感画面和声音。

在电视新闻实际拍摄过程中，难免会出现一些突发事件，比如暴风雪、火灾、洪水等，对这些突发事件，由于新闻工作者没有足够的时间来构思完美的新闻创作思路，这时就体现出了摄录人员的专业功底，把一瞬间发生的事件在最短的时间里，通过各种敏感的镜头还原出事件本来的面貌，再由编辑人员通过自身对事件的客观描述，运用高超的运筹能力和敏锐的洞察力来捕捉和发现重要的线索，把当时的情景再现给受众。

七、交互性

随着网络技术的发展，出现了交互性，受众在网络上相互沟通、讨论、自主的传播新闻，已经司空见惯。

受众可以通过论坛、微博、微信公众号、新媒体客户端等方式参与一些重要新闻、社会热点问题的讨论，他们可以直接表达自己的观点，提出自己的意见与建议，媒体有时也组织有关专家、学者及有关部门负责人等作为特约来宾与受众进行面对面探讨。

随着互动的发展，受众的地位和作用越来越重要，几乎每个人都成为新闻的传播者，由于新闻不断被讨论和转发，不仅提升了某些新闻的价值，增加了人们对某些事件的关注度，而且提高了国民的文化素养和对国家大事的关注热情。

第五节　融媒体及融媒体时代对电视新闻
传播策划的影响

融媒体时代，受众只需要一部联网终端，无论是智能手机、平板电脑、PC还是互联网电视，都可以随时上网搜索点击自己感兴趣的信息或者节目，真正意义上从新闻被动接收者，转变为根据自身需求和兴趣去搜索信息来源的主动者，通过这些设备，信息的评论和回放也变得非常及时易得，这是传统的电视新闻所不能实现的。因为时代的发展，资讯获得的渠道不断增多，新闻报道的价值变得更加廉价。正如学者陈国权所言："人们同媒体之间的接触是多元化的，新闻并不是人们对于媒体的唯一需求，娱乐和社交等方面都是人们对于媒体的一种需求……新闻，甚至沦为最不经意的需求。"

一、融媒体发展概述

"媒介融合"概念最早是由美国著名传播学者依契尔·索勒·蒲尔在 1983 年提出，虽然现在已成为新闻传播学的重要研究课题，但根据语境的不同，仍然被学者赋予了不同的内涵。其中对"媒介融合"定义影响较大的是美国学者安德鲁·纳齐森，他认为："媒介融合是视频的、音频的、印刷的、互动性数字媒体组合之间的战略性文化联盟。"随着对"媒介融合"研究的深入，其他西方学者也从不同的角度提出了其他含义。

以"融媒体"为关键词，在中国知网检索项搜索篇名，匹配度选择精确，时间选择 1989 年到 2020 年，搜索结果显示，关于融媒体的学术论文共有 13445 篇。最早以融媒体为题的文章出现在 2008 年，从时间上看，国内学界关于融媒体的研究起步较晚。从研究内容看，作者多数没有给出融媒体明确的概念解释，研究的焦点也大多集中在传统媒体转型发展的实务方面，关于学科理论框架建构的尝试不多。但从近两年学术文章的集中爆发来看，学术界对于融媒体发展前景的重视程度提高。

媒体融合，是当今世界传媒业面临的一个共同挑战，同时也是巨大的机遇。2014 年中央全面深化改革委员会审议通过了《关于推动传统媒体和新兴媒体融合发展的指导意见》，媒体融合发展上升为国家战略。习近平提出了"融合发展关键在于融为一体、合而为一"的要求。这一系列的文件和重要讲话是我国媒体融合进一步深化的根本遵循，2014 年也被称为中国媒体融合发展的元始之年。

在 2014 年媒体融合正式确定发展方向、2015 年融合发展加快的大态势之下，2016 年媒体融合也发展到攻坚阶段，经过三年多的融合实践探索，媒体融合继续深化。同时，新旧媒体之间的争夺战愈发激烈，呈现出"竞合"的局面。伴随着全面创新，遵循自上而下与自下而上两条路径，坚持自外而内与自内而外相结合，2015 年至今我国的媒体融合正成为一场"深入转型、深度融合、深层变革"的自觉追求，呈现深刻、多元、立体的新特征——从"传统媒体+"到"互联网+"的思维转换、从平台融合到传播融合的战略布局、从"简单相加"到"深度相融"的经营探索。换言之，中国的媒体融合已然步入变革和革新的攻坚阶段，已经全面进入了融媒体时代。

复旦大学教授李良荣认为："融媒体的本质，就是指各种媒体形态的边界逐渐消融，多功能复合型媒体逐渐占据优势的过程和趋势，它不是单纯媒体形态的融合，更是一种全方位深层次的融合。"

融媒体的传播优势突出体现在能够实现内容上的快速聚合，传播渠道上实现多媒体传播、微传播，在传播状态上由传统媒体的一对多变为多对多，从而能够实现个性化信息的传播，同时能够消除传统媒体的线性传播方式，明显增强受众的参与性和互动性。

二、丰富了新闻信息来源

以往的电视新闻线索来源可以划分为两大块：一是每个新闻节目固有的热线电话，二是靠记者走出去扛着摄像机拍摄获得。但是融媒体时代改变了电视新闻传播线索的来源。

（一）新闻线索不再拘泥于热线电话

热线电话对于以往的新闻节目而言是线索的主要来源，如山东广播电视台的齐鲁频道，该频道曾是我国地面频道的"四小龙"之一，在 21 世纪初齐鲁频道已经有了将民生新闻作为电视台办台重点的意识。齐鲁频道的新闻热线更是一直伴随着该频道的《拉呱》等民生节目沿用至今，热线电话是齐鲁频道接收民生新闻线索最重要的渠道。这部新闻热线有专门的接待团队每天接听来自山东省内各地市的新闻线索，最高峰时每天会产生 2000 多条新闻线索。新闻节目的记者再从这 2000 多条线索中筛选出最有价值的线索进行采访报道。可以说，齐鲁频道民生新闻的火爆离不开新闻热线第一手线索的提供。除了新闻热线，电视新闻节目还担负着传达党和国家大政方针和重要消息的职能，政府机关单位以及社会团体也是新闻节目线索的重要来源。

仍以齐鲁频道为例，2014年，齐鲁频道旗下四档新闻栏目相继开通微信公众平台，微信公众平台除了担负新闻输出的职能，另外一个重要的功能就是接收新闻线索。经过三年多运营，四档节目微信关注量均超过10万，每天接收观众留言上千条，其中新闻线索爆料占到一半。与此同时，电话热线数量出现了明显的萎缩，日均热线数量已经由几千条降到几百条，而且热线质量也出现了明显下降。

依托先进的技术和良好的交互，微博、微信、新闻类APP以及其他新媒体都已经成为新闻线索的第一来源。大部分情况下，新闻事件发生后，第一现场往往出现在人们的微信群或者朋友圈动态里。被广泛传播后，电视台才得到线索，此时新闻现场早已消失，电视新闻不得不着手做新闻的第二落点。以往的电视新闻线索是通过热线电话获得的，对于该线索的价值判断更多的是从电话中了解，所以极易出现信息不对称的问题。但是微博和微信这些沟通平台不但能实现语音沟通，现场位置等具体信息也可以利用这些平台实现实时传输，让记者在采访之前就能对新闻线索做出初步评价，基本解决了信息不对称的问题。

（二）新闻素材不再只靠记者采访

好的新闻现场稍纵即逝，记者经常与其失之交臂。如果记者不到新闻现场采访，就没有画面也就无法在电视上播出。

由于互联网的不断发展，智能手机和电视等慢慢地演变为一种大众消费品。截止到2020年的3月份，中国智能手机网民数量突破了8.97亿。

网络媒体和受众之间存在着非常密切的联系，尤其是原有的突发事件，记者因为时空等限制因素，最新的资讯往往很难在第一时间就能掌握，对于网络媒体而言，这样的时空限制不复存在。随着智能手机的升级和社交软件分享的便利化，处在突发新闻第一现场的每一个目击者都可以作为"现场记者"拿起手机记录下新闻第一现场的原始画面，普通受众用手机拍下的这些原始视频，可以在电视新闻记者错过第一现场的情况下，成为电视新闻的第一手素材。而这些素材通过微博、微信以及大量的视频软件上传到网络后，新闻记者足不出户便可以轻易获得新闻现场的第一手资料，大大提高了新闻产品的生产效率。

三、受众参与性有所提升

以往的电视新闻主要是单向传播，所以受众对于资讯的接收是被动的，节目内容传达了什么，受众就只能接收什么。然而，在融媒体时代，传播载体和传播渠道变得越来越多元化，提供给受众的选择空间也越来越大。尤其是近年来互联网和智能手机的发展和普及，人们获得资讯的渠道方式变得更多，甚至只是轻轻点击都可以让人们及时获得自己所需的信息和资讯。一条新闻可以通过多种途径运用多种媒介手段实现全方位地展示，同时，根据自己的收看频率和偏好，受众不仅能够主动搜索节目和控制节目观看进度，而且还能够任意回放感兴趣的内容。

另外，新媒体使用的便捷性也让受众更加积极主动地参与到信息传播中去，有利于社会公共信息的传播。和自己喜欢的名人近距离对话等这些新媒体的个性化定制服务正是电视新闻无法给予受众的，所以新媒体的受众在一定意义上可以看作是电视新闻受众的分流。

最近这几年，由于智能手机和平板电脑在中老年人中的普及，中年网民数量大幅增长，这部分网民使用手机阅读新闻、观看网络视频，使用社交软件的时间不断增长，电视的收看时间被不断挤压。中国广视索福瑞媒介研究（简称索福瑞）在调查中了解到，在35～44岁这个收视群体中，这几年的收视率在以每年十分钟的速度减少，现在每天只有126分钟的收视量。而作为电视收视的主力人群之一，45～54岁的人群近两年收视量也累计下滑了16分钟。

在融媒体时代，新闻传播的互动性增强，必然前提是受众参与性增强。学者喻国明指出，现在互联网制造出来的新的社会性给予权利的方式实际上是关系赋权。互联网现在成为自身影响力在社会与市场重新建设的价值力量，如果谁能全面地把握与激活这种关系，包括在社会上所有人的联系资源，谁就能变成互联网当中的一个掌舵者。在媒介环境变化的作用下，以前从事媒体的电视新闻工作者，现在也慢慢地在新媒体环境中适应下来，他们把自身的位置从宣传传统新闻媒体的角度换成供应资讯的人，渐渐地传播变得更加多角度，互动也更多。

近年来，为了使电视新闻类型的节目和观众实现互动，电视媒体除了强化传统的互动形式外，还利用用户数量和活跃度高的社交软件来实现电视新闻节目播出时与受众的实时互动。比如：《拉呱》栏目是山东本地家喻户晓的一档民生曲艺新闻节目，在直播过程中，观众可以通过发送短信或者在微信公众号上进行留言的形式把自身在新闻中得到的评论发送到专门的接受短信的地方或微信公众号平台上，接到观众的信息后，这些评论由专门负责的编辑进行筛选，最后筛选出的信息可以随时在电视屏幕下方的滚动栏实时出现，也可以在直播的空隙通过平板电脑推送到主持人小么哥手中，再由主持人在节目中读出这些信息，到这里为止，观众和电视新闻的这一次互动就结束了。

除了短信和微信、微博外，《拉呱》还保留了电话互动的方式，节目播出的同时，作为观众可以拨打热线电话，说出自己对某一新闻的想法与评论。对比以电话、短信为代表的传统互动方式和以微信、微博为代表的新型互动方式，可以发现无论电话还是短信互动，都存在产生费用和互动实时性较差的缺点，而通过微信、微博互动实时性更强成本更低，而且可以结合图片、音频和视频，效率和效果都有明显的优势，带给观众的参与感也更强，可以说社交元素的引入让观众零门槛地参与了电视新闻互动。

四、对经典传播理论的挑战

（一）"议程设置"理论解构

"议程设置"理论最早出现在美国，由传播学者麦库姆斯和肖提出。该理论认为，大众媒介对信息的传播虽然不能够决定受众对于一个新闻事件或社会现象的观点，但是可以通过在某一时间段内有计划地突出报道某些信息，以此来引导受众思考的内容，这种报道或者说话题的设置就是议程设置。在传统媒体时代，以报纸、杂志、广播电视为代表的媒介形式占据着社会传播的主流地位，议程设置是这些媒介影响社会的重要手段。

然而，融媒体时代的到来颠覆了传统的信息传播模式，不断进步的技术打破了内容生产的壁垒，使得生产新闻内容的成本越来越廉价，同时信息传播的时空格局也被改变，出现了信息大爆炸的态势，内容资源由传统媒体把关主导的"匮乏状态"向"丰裕状态"转变。现如今，人人都可能成为信息的生产者和接收者，因为网络的诞生大大提高了信息传播的参与度。融媒体时代突破了传统大众传媒的局限，人人都能够参与进来，形成公众舆论，并汇聚成强大的公共声音，激起民众共鸣。如果是在以往，在传统大众传媒占绝对主导地位的条件下，信息的筛选是极其严格的，一些不实消息或是琐碎冗杂信息片段即使传播开来也影响的也是小范围，而现在，任何消息都有概率能够流传开来，无时无刻不在冲击传统的大众传媒。

（二）"沉默的螺旋"效应的解构

"沉默的螺旋"一词最早是由德国学者伊丽莎白·诺尔—诺依曼在《传播学刊》发表的《沉默的螺旋：舆论——我们的社会皮肤》一文中提出。这个理论指出，观众会先对社会上的舆论环境有所了解后再发表自身的想法，在了解到自己的想法和社会上的想法一致的时候，就会更加有力地表现自己；但是当自己的想法和社会上的大众想法有所区别甚至相反的时候，在不想被社会排斥的时候，就会选择默不作声或者赞同其他人的想法。如此一来，这一部分人作为弱势的群体便沉默了，使另外的群体变得越发强大，导致有优势的意见变得更加牢固，弱小群体的意见变得更加微弱，这就是形成螺旋的一个过程。

导致"沉默的螺旋"形成的重要原因是人们得到信息的途径比较单一，大众普遍把媒介形成的观点作为一种大众的观点。以前进行大众传播时是把媒介作为信息提取和加工后进行传输的过程，这样的传播是较为单一的，大众变得更容易"沉默"。融媒体时代极大地拓展了信息传播的渠道，传播媒介的信息来源不再单一，受众可以同时使用网络讨论和在贴吧以及微博等各种各样的平台来发表自己的意见和想法，同时由于网络存在匿名的性质，人们在发表自己的想法之后不用担心遭受到言论的批评。并且交互式的传播使人们在快速广泛的信息交流中掌握了主动权，寻找观点一致的"伙伴"变得不再困难，这也就使受众不会再轻易陷入"沉默的螺旋"。

（三）融媒体时代"把关人"的变化与缺失

"把关人"理论是由美国传播学者库尔特·卢因在1947年提出的。在大众传播媒介之中，"把关人"存在是必不可少的，包括允许传播的相关规定和传播渠道，这些都曾在《群体生活的渠道》中有所论述。此外，资深传播学者邵培仁进一步论述了其功能：一是对传播信息的充分审查确保信息的高质量；二是进一步加工已经传播的信息；三是给出带有评价性和指示性的总结，给出自己的角度和立场；四是在良莠不齐的信息中做好区分，让优质信息广泛传播，引导公众提高信息筛选的能力，营造风清气正的信息传播氛围。

然而，"把关人"特殊的社会定位要求个人水平较高。融媒体时代信息繁杂，互联网充斥着各种各样的信息，新媒体的迅速崛起一改传统信息发布放射状的结构，信息量指数级增长，此种情况下，"把关人"这一角色必须具备更高的水准才能发挥其功能，水平不够的网民会因为缺乏必要的信息筛选能力而难以胜任。

五、对信息来源真实性的挑战

麦克卢汉曾说："媒体的形式决定着其内容，媒体内容形式的差异大多是因为媒介的不同，如信息符码传送技术等。"

在传统媒体时代，时政新闻是构成电视节目内容的主力，民生新闻只占一小部分；进入融媒体时代后，信息渠道正在不断增多，电视新闻节目已经不是人们获得资讯的唯一途径。为了吸引受众观看节目，电视新闻产品也愈发注重受众体验，内容更偏向民生和社会热点问题，更加关注发生在老百姓身边的新闻。生产方式上，传统电视新闻生产制作以我为主，以宣传导向为主；进入融媒体时代，电视新闻迫于收视率和生存的压力，逐渐转向以受众为主，观众喜欢看什么，电视新闻在策划报道时就重点选择什么。甚至有的电视台出现了电视节目以广告主为主的局面，全天不间断地播放购物、保健品等广告内容，严重偏离了新闻立台的初衷。

在信息化时代，每个人都是新闻素材的携带者，顺手拍拍都可以制造新闻。如街上的车祸、马路上摔倒的老人扶不扶、奇葩邻居的奇葩事、美联航的赶乘客下机事件等，这些大多是由个体通过微博等以小视频方式进行上传、发布和分享的，很容易酿成全民关注的事件。电视新闻传播策划对于如此海量且繁乱的内容素材需要进行分类编辑，然后形成有质量的新闻，并且引导人们的正确言行。但是从新媒体上筛选的新闻，除了内容零碎杂乱外，还难免存在弄虚作假和造谣的信息。例如，之前就有人在微信公众号和微博上有板有眼地传播饰演济公的演员游本昌晚年的凄惨生活，严重影响了游本昌家属的日常生活，最后这一不真实的报道由游本昌本人通过微博视频来澄清。面对真真假假的事件，电视新闻虽然在收视上受到新媒体极大的冲击，但其自从存在以来便在人们心目中树立了权威性和真实性的形象，这是新媒体永远都不可替代的，因此电视新闻传播策划人需要明辨海量新闻内容的真假，以免假新闻给观众带来误导，从而带来难以预测的后果。比如2007年，纸馅包子虚假新闻曾一度造成人们对食品安全的恐慌，同时对该品牌包子的名誉也造成了严重的损害，最终这场闹剧以该新闻报道者接受法律制裁才告一段落。

因此，如何在国家发展建设中和人民群众生活的方方面面策划并做好有价值和有参考意义的新闻报道，是电视新闻传播策划者必须面对的挑战。

第二章　融媒体时代电视新闻的
发展动因与历程

随着我国科学技术的不断发展，新媒体技术应运而生。新媒体凭借传播速度快、传播形式新颖、双向互动等突出优势迅速获得了受众的青睐，新媒体受众量高速跃升，在较短时间内改变了我国媒体领域的传统格局。在这种背景下，电视、广播、报刊等传统媒体纷纷通过与新媒体融合谋求发展，掀起了新旧媒体共同传播，传播渠道空前开阔的融媒体时代。融媒体时代，电视新闻如何在激烈的行业竞争中实现自身的健康、稳定发展，结合自身优势不断创新是电视媒体人共同思考的课题。本章分为融媒体时代电视新闻的发展动因、融媒体时代电视新闻的发展历程、国内外电视新闻媒体融合的发展比较三部分。主要内容包括：传统电视新闻节目"门可罗雀"、新媒体视频新闻"门庭若市"、新媒体对传媒市场的"攻城略地"等方面。

第一节　融媒体时代电视新闻的发展动因

一、传统电视新闻节目遭到冷落

在新媒体时代，人与人的交流更加数字化、便捷化、智能化，这既凸显了科技进步给人们生活带来的好处，也凸显了新旧媒体间争锋的矛盾点。传统媒体渐渐地"失宠"真的是因为新媒体的出现吗？如果没有新媒体，传统媒体是否还会傲立枝头呢？其实"新媒体"的出现是时代发展的必然结果，对于传统媒体来说，它只不过是"压死骆驼的最后一根稻草"。首先，来梳理一下电视新闻节目的产生发展，这样就会知道传统电视节目的"前生""今世"以及优势、劣势。

（一）传统电视新闻节目的发展

中国电视新闻节目的发展历程大致可分为四个阶段。

1. 第一阶段

这一时期属于中国电视行业的起步阶段，受技术落后等因素的影响，电视新闻节目相对简单。《图片报道》是最早的新闻节目，主要由播音员对图片内容加以解说。1958年，《简明新闻》首次播出，由我国第一位电视播音员沈力播出。后来又出现了电视新闻片、实况直播等。

2. 第二阶段

这一时期，由于科技进步，与新闻节目的相关采集设备也逐渐完善，节目开始向录像方式过渡。1978年1月1日，北京电视台即如今的中央电视台，正式创办了《新闻联播》，对国内外大事进行连续报道和系列报道，但那个时期主要是由一名播音员进行播报，直到1987年才变成由两个播音员串联播音。1978年的5月1日，北京电视台也正式更名为中央电视台。其实这一阶段的新闻节目已经开始变得更贴近百姓了，无论是从主持人的播报方式、穿着打扮、肢体语言还是节目的内容，在传达主流价值观的同时，更关心群众关注的敏感话题。1980年，中央电视台创办了我国第一档电视新闻评论性节目《观察与思考》，第一期节目就锁定了百姓迫切关注的"菜篮子"问题，第一期节目名称为《北京居民为什么吃菜难》反应热烈。为了让节目更好看，不仅要在内容上下功夫，形式上也在不断创新变革。1987年上海电视台的《新闻透视》栏目开播，给观众眼前一亮的感觉，因为它把节目分成几个版块，有了当今杂志节目的雏形。比如：《社会广角》《长焦距》《快节奏》等，不同的版块讲述不一样的内容，使节目内容更加丰富多彩。同时，以中央电视台为首的各大电视台也开始关注海外华人华侨的需求，更好地向外界传递中国的声音，讲述中国的故事，一些国际新闻开始出现。1992年《中国新闻》出现，在每期10分钟的节目里，向全球华人传递中国信息。

3. 第三阶段

这一阶段堪称新闻节目的繁荣阶段，各种经典的电视新闻节目在这一时期如雨后春笋般脱颖而出。1993年《东方时空》诞生，每天早晨7点到8点开启全新的一天，作为一档新闻杂志型的节目深受观众喜爱。那个时候几乎家家户户早上都会锁定这一节目，在同一时间点，人们可以听到街坊邻居家的电视机"唱起"《东方时空》的片头曲，伴随着"东方时空"四个字的结束，这全新的一天也就开始了。1994年《焦点访谈》出现了，还记得那句经典的栏目语"用事实说话，焦点访谈"，这档节目确实引发了舆论监督的热潮，大胆的采访，犀利的点评成了它的特色。因为这档节目的出现，很多企业胆战心惊，就怕出现在《焦点访谈》的节目中。1996年《新闻调查》开播，时长45分钟。节目的叙事形式主要是以调查采访为主，深度剖析事件的来龙去脉，还原事件的真相，对事件进行全方位、多层面的深入挖掘，这其中有事件性调查、舆情调查、内幕调查、主题调查等。这一时期的记者可以称为"无冕之王"，也对得起李大钊先生的那句名言"铁肩担道义，妙手著文章"，为了还原新闻的真相，他们涉险调查，为的就是心里的那份良知和社会责任感。1995年，双休日制度的实施催生了一批双休日播出的新闻节目。同时多个领域的新闻节目开始增多，如时政新闻、经济新闻、体育新闻、军事新闻等。

4. 第四阶段

这一阶段的电视新闻节目出现几个特点：新闻频道开始建立、娱乐节目陆续播出、直播化手段运用广泛、播新闻转为说新闻、民生新闻大量涌现、特别节目层出不穷、节目形态丰富多样、媒介界限模糊不清、娱乐至死的时代等。出现了大量优秀的节目《娱乐现场》《娱乐无极限》《凤凰早班车》《锵锵三人行》《有报天天读》《小崔会客》《零距离》《朝闻天下》《感动中国》《新闻1+1》等。

（二）传统电视新闻节目类型单一

电视新闻节目按照体裁分，主要有以下几大类型，种类单一。

1. 消息报道类

消息是指只报道新闻事件概况，不报道其中细节的一种新闻体裁。具有简明扼要、客观明晰的特点，时长基本在1分30秒以内。这种类型也是目前新闻节目中最常见的类型，它有助于扩大节目的信息量，能让观众最快速地知道身边发生的事情。像中央电视台的《新闻联播》、上海电视台《新闻报道》等都是以短消息为主要报道对象。

2. 新闻专题类

新闻专题就是指就某一新闻题材做的深度报道，这种报道较为详尽且有深度，是对新近发生的重大事件的充分报道。目前，我国电视新闻专题节目主要有故事类新闻和调查性报道两种。

　　故事类新闻，顾名思义就是以讲故事的手法记录身边新近发生的新闻。此类新闻较为注重故事的叙述形式，像讲故事一样将新闻事件的来龙去脉交代清楚，有跌宕起伏的情节和层层铺垫的悬念，具有故事感染力、戏剧冲突性和情节完整性。

　　调查类报道，比如中央电视台的《新闻调查》，它是一种较为系统、深入的以揭露问题为主的新闻报道形式。例如，2005年哈尔滨天价医疗费案件，《新闻调查》的记者郭宇宽针对这一事件进行独立且深入的调查，以纪录片的拍摄方式挖掘新闻背后的事实真相。该新闻以揭露为核心，充满矛盾和冲突，直击医疗改革中的痛点，吸引了大多数观众的关注。

　　3. 新闻评论类

　　提到新闻评论类节目，马上会想到中央电视台的《新闻1+1》、凤凰卫视的《时事开讲》等，每档评论类的节目都会出现时事评论员，印象最深的要数白岩松、老梁、曹景行、杨锦麟等人。通过这些节目和评论员的风格，大概能够知晓什么是新闻评论类节目了，张振华对新闻评论类节目的解释是："新闻评论节目是从新闻事件出发，以说理为主要表现手段，着重从思想、政治、伦理等角度分析具有普遍意义的新闻事实或者社会现象、社会问题，旗帜鲜明地表达态度、阐述自己的见解和主张，以指导当前的社会实践，影响和引导社会舆论的节目形式。"

　　4. 新闻直播类

　　"直播"的字面理解为直接播出，也就是将演播室里的信号时时地发送并同步进行播出的节目形式。新闻直播类的节目目前主要以新闻现场的内容为主、记者采访为辅，以演播室的访谈或者主持人来调度衔接作为补充手段。比如上海电视台和看看新闻APP同步直播的神舟十一号成功发射和安全返回等，都是现场直播。

　　5. 新闻谈话类

　　说到新闻谈话类节目就会想到中央电视台的《面对面》、CBS的《拉里·金直播》，他们的采访形式是一对一采访，有的节目会安排现场观众，有的则没有。重点在于邀请的嘉宾多为政经界、娱乐界、商界、文化界的精英，就当下人们关注的热点问题、焦点问题进行对话交流。同时有的新闻谈话类节目还设有场内、场外观众，他们通过微博、微信、电话等渠道进行提问，请嘉宾一一解答大家关心的话题。新闻谈话类节目也为各种意见、各种分歧、各种见解、各种思想交锋提供了一个平台。

二、新媒体视频新闻颇受欢迎

对传统电视新闻节目冲击较大的就是网络视频新闻和手机电视新闻。

首先我们来了解一下"网络视频"。目前，网络视频主要包括：视频搜索、视频分享、视频直播。视频搜索，顾名思义就是利用搜索技术将所有视频节目进行分类和整合，比如百度视频搜索。有了视频搜索，用户就可以找到自己喜欢的视频节目。视频分享，更加注重用户的体验，以优酷、腾讯、爱奇艺、芒果TV为代表的几大门户网站为用户提供平台，鼓励用户将自己拍摄的视频上传网上和大家分享。视频直播，是互联网和电视共同的产物，它借助互联网技术传播电视节目内容，用户可以在网上看电视直播。目前，还有一种视频直播是用户自己生产内容进行现场直播，比如抖音、快手等直播平台。有了网络视频，用户就可以将自己的作品上传并被大家所熟知。之前有一些"草根新闻"节目在网络上盛行，他们用自己家乡的方言，对当下人们关注的新闻话题进行播报外加评述，这种方式一改传统新闻一板一眼的播报形式，诙谐幽默又接地气，很受网友喜爱。

手机电视又被称为"手机流媒体""掌中电视"。对于它的界定主要有以下几种观点，"从接收硬件的角度来看，手机电视，顾名思义就是以手机作为载体工具来接收播放电视节目的视频、音频等信号"。

"从传播媒介的角度来看，手机电视是通过一定的声电、光电转换设备，用无线电波或导线传送由活动图像和伴音组成的节目，供人们收看的传播媒介"。但是，融媒体时代媒介变化多样，从广义上说，手机电视就是利用卫星广播、数字电视广播、移动网络，在特定的智能手机等移动终端上观看的视频节目。因为网络视频和手机电视自身的灵活性、便携性、互动性等特点，在一定程度上分流走了传统电视新闻节目的观众。当然，这两种视频新闻的出现也离不开技术层面的支撑、受众的需求和市场的竞争压力。

（一）前提条件

媒介的发展与科技的进步有着直接的联系，技术创新是媒介发展的前提条件。

1. 数字技术

数字技术是新媒体的核心技术，所以有人称新媒体是数字媒体。"它是一项与电子计算机相伴相生的科学技术，它是指借助一定的设备将各种信息，包括图、文、声、像等，转化为电子计算机能识别的二进制数字'0'和'1'后进行运算、加工、存储、传送、传播、还原的技术。由于在运算、存储等环节中要借助计算机对信息进行编码、压缩、解码等，因此也称为数码技术、计算机数字技术等。数字技术也称数字控制技术。"也就是说计算机是信息处理设备，它主要用于管理和处理文本以及数字，而广播、电视等传输设备主要是传播影像和声音。正是有了数字技术，信息的交互才成了可能，多种媒介才会融合。

2. 计算机网络技术

如果说数字技术支撑信息的内容共享，那么计算机网络技术就是支撑信息传播的平台。所谓计算机的网络技术就是通信技术与计算机技术相结合的产物。计算机网络是按照网络协议，将地球上分散的、独立的计算机相互连接的集合。连接介质可以是电缆、双绞线、光纤、微波、载波或通信卫星。计算机网络具有共享硬件、软件和数据资源的功能，具有对共享数据资源集中处理及管理和维护的能力。也就是说，网络是各类新媒体存在的平台，比如网络电视、网络视频、微博、微信等都是在互联网的基础上进行信息传播的。

3. 移动通信技术

移动通信技术是移动体之间的通信，或者移动体与固定体之间的通信。移动体可以是人，也可以是汽车、火车、轮船、收音机等在移动状态中的物体。目前，我们已经开始普及移动通信技术的第五代，它相较于之前的 3 G、4 G 传输速度快了数万倍，可以支持双向下载传递资料、图画、影像，接收高分辨率的数字电影和电视节目。其实，现如今手机就是一部移动的小型电脑，或者称为掌上电脑，它有着电脑所具有的功能，还拥有自身小巧易携带的特点，所以人们更加喜爱手机这种移动终端设备。

综上所述，这三者之间并不是分离独立的关系，而是相互支撑互为补益的关系。信息的数字化可以使其在多种媒体上传播和转换，计算机网络技术和移动通信技术为信息的传播提供广阔的平台，将信息的终端连接为一个有线的或者无线的网络，为数据的流通提供有效的渠道。这三大技术的融合为新媒体的传播提供了技术支撑。

（二）根本动力

麦克卢汉曾提出：媒介即人的延伸。媒介的发展以及传媒企业的变革都离不开"受众"这一关键性要素，媒介要怎样创新才能满足受众日益变化的需求？什么样的媒介传播形式会让受众主动接受？这些都是促进传媒人和传媒机构不断创新发展的根本动力。

1. 便携性

时代在不断发展，人们的生活成本和压力也越来越大，尤其一线城市，生活节奏很快，时间是分散的，受众需要在最短的时间内了解最多的信息量，而且这种传播载体最好小巧灵活，便于携带。随着智能手机的问世，人们开始依赖手机，手机更像是一台掌上电脑，打破了传统媒体传播过程中时间和空间的限制，受众只要在手机上下载一些APP就可以方便轻松地掌握全球、全天候的信息。

2. 多样性

由于时间和空间的限制，用户对于信息有集合式的需求。传统媒体的信息处于分开的状态，电视新闻节目是有画面、声音、影像的，报纸是有文字和图片的等。而媒介融合满足了用户使用一种媒介就可以找到文字、图像、视频、声音等多种形式的信息的需求。

3. 个性化

信息的碎片化传播、受众的个性化需求，导致大众传媒向分众传媒转型。传媒市场也由媒体占主导转变成受众占主导，受众开始成为市场的决策者，不同程度上决定了媒介未来的发展。受众不再满足于被动地接受，内容生产开始由原来的PGC（专业生产内容）生产转向"PGC+UGC（用户生产内容）"生产。新媒体为受众提供了丰富的内容和多种传播渠道，满足了受众个性化的需求。

（三）直接原因

受众越来越倾向于新型的媒体形式，新媒体抢占了传统媒体的部分市场，作为传媒机构需要在市场竞争下将新媒体的优势因素融入传统媒体中。因为机构的经营者有对利润的需求，所以大型的传媒机构为了降低运营的风险，增加实际的利润收益，开始进行兼并重组或者联合收购。以传统媒体为中心，在此基础上引入新媒体，开发出许多与新媒体相关的服务和产品。

为什么新媒体的视频新闻会被大家接受并喜爱？因为它在技术支撑的前提下，满足了受众对媒介多样化、个性化、便携性的需求。而最为直接的原因还是市场的竞争压力，使媒体行业不断出新、出奇、出特。

三、新媒体对传媒市场有一定的促进作用

（一）消解内容生产

传统媒体的内容生产多为 PGC 生产模式，即专业人士生产内容。无论是报纸、广播还是电视行业，在内容的生产上都会经过选题、调查采访、编辑稿件、二次审核等流程，因为新闻不仅要"求新"更要"求真"。然而新媒体时代内容的生产具有极大的随意性和自主性，因为智能手机可以满足受众成为生产者的角色转换。比如，在大街上看到一条新闻，就可以拍摄下来，并且分享到微博、微信等社交平台上或者发送到专业的新闻 APP 上进行爆料。它的好处就是扩大了内容的产量，但是也会因为没有进行实地取证、调查研究等环节而造成事件真相出现误差。

从一定意义上来说，一方面，新媒体更注重视觉效应，它契合了当下人们快节奏的生活方式，人们没有时间进行深度阅读，更喜欢浅阅读，所以我们经常会在新媒体中看到"标题党"这一说法。另一方面，新媒体对内容的准入门槛很低，新闻的内容源就会多于传统媒体，于是就降低了传统媒体的内容生产能力。在利益分配和竞争格局上，传统媒体也不占优势，已经没有所谓"独家"或者"独播"这么一说了，因为新闻节目、电视剧、综艺节目也要抢占新媒体的平台来创收，同时投放也属于正常的市场运作，目的是提升品牌的价值和市场效益的预期。

（二）解构把关角色

"把关人"（Gatekeeper）就是"守门人"的意思，在传播学中涉及新闻的选择和判断，他在媒介系统中处于决定性的重要位置。它既可以是某个具体的人，也可以是媒介组织，把关人不仅要审核新闻的事实，而且还要过滤和筛选播出的内容。在传统媒体中有严格的把关制度，一条新闻的播出要经过记者、编辑、制片人的层层把关，是否符合主流价值观、是否背离道德标准、是否会造成巨大的负面效应，这些都是把关人需要思考的问题。

然而，随着新媒体时代的到来，把关人的角色被解构了。信息传播的自由度更高，新闻信息的生产者、传播者、把关者的界限越来越模糊，这些程序可以由一个人独立完成。新媒体"把关人"的弱化是它最大的缺陷，因为这个平台很容易滋生谣言，变成虚假新闻的"温床"。但是新媒体"把关人"的弱化在一定程度上也提升了公众言论的自由度，公众更愿意参与其中发表自己的想法和观点，这其中可能会有造谣者，但也会有辟谣者，无形中提高了大众的舆

论监督意识。不过,把关人制度是传统媒体的一大优势,它凸显了新闻行业真实、严谨的准则。所以不仅要提高专业从业人员的专业素养和文化自觉,更要提高公众的媒介素养,让新闻信息成为传播社会主义核心价值观的利器、成为正确引导舆论的社会公器。

(三)颠覆话语权力

长期以来,传统媒体掌握着媒体的话语权,受众只是信息的消费者,可是新媒体出现后改变了这种局面,对传统媒体的话语垄断权产生了强烈的冲击。

传统媒体的信息生产,是一种线性传播,传播者在起点,接受者在终点,是少数人对多数人的传播,或者说是一对多的传播,话语权掌握在少数精英手里,他们引导着信息的走向,制定着社会话题。但新媒体时代传播方式就不再遵循以往的传播模式,而是多元化、多维度的传播样式。受众可以在互联网的聊天平台上发表自己的言论,自由度相对较高。当新闻信息的生产、审核、分享变成一人完成时,可以想象话语权会发生怎样的转变。受众的力量越来越受到重视,他们开始参与社会事件讨论、为公共话题发声、监督相关部门的行为,逐渐开始成为舆论场的中坚力量。

传统媒体的"门可罗雀"和新媒体的"门庭若市"为我们展现着两个完全不同的世界,他们就像"老人"和"孩子",前者阅历丰富、经验老到、看过万事沧桑;后者年轻活泼、精力旺盛充满着积极向上的生命力。前者虽"老"但不至于"亡",后者虽"新"但略显"稚嫩"。新旧媒体二者间绝不是取舍关系,而是互补的关系,只有新旧媒体将自身优势融合起来,才能创造出另一种媒介传播新模式。新闻人以及新闻机构是这样构想的,也是这样实践的,上海电视台融媒体新闻中心推出的节目《看看新闻》就迈出了艰难的一步,虽然有很多细节还有待考量,但是这种融合模式、运作方式会是也必将是未来媒介的发展方向。

第二节　融媒体时代电视新闻的发展历程

从定义来看,"融媒体"是指利用媒介载体,将广播、电视、报纸等传统媒体与互联网结合,在人力、内容、宣传等方面进行全面整合,实现资源通融、内容兼容的新型媒体。近年来,互联网在中国的快速普及对传统媒体构成了极大的冲击,已经成为一支重塑传统媒体尤其是新闻媒体的重要力量。这其中,电视新闻节目在融媒体环境中的发展走向,更是呈现出新闻报道、制作以及价值观念多方面的变化。本节通过对《1818黄金眼》这一电视新闻融媒体发展的典型个案进行分析，试图找出电视新闻的转型历程。

一、从电视时期的内容变革到线上探索——以《1818黄金眼》为例

（一）第一阶段：电视新闻阶段

《1818黄金眼》是浙江广播电视集团民生休闲频道推出的民生新闻节目，以"关注民生，服务百姓"为栏目宗旨，其新闻口号是"以百姓的眼睛看百姓，和老百姓零距离接触，全心全意为老百姓服务，与百姓心贴心"。于浙江电视台民生休闲频道播出的《1818黄金眼》节目，时长72分钟，这是浙江电视媒体首个直播时间长达1个多小时的新闻节目，也是浙江电视媒体中唯一一档24小时开通新闻热线的新闻栏目。

《1818黄金眼》于2004年元旦开播，以"记者在你身边，新闻因你而动"为广告语，是浙江省日播时间最长的民生新闻节目，分为民生版和公众版。《1818黄金眼》民生版由"零距离""深一度""竖起大拇指""寻""移动新闻直播间""天网无敌"等版块组成。《1818黄金眼》公众版由"大事件""杭州日""浙一天""中国结""天下会"等版块组成。它关注民生、服务百姓，在全省率先开通24小时新闻热线，每天接听上万观众求助电话，并以鲜明的新闻定位、快速的报道反应、丰富的信息资讯、优质的民生服务，打响了主流媒体的新闻品牌，成为浙江省民生新闻栏目的第一品牌。中共浙江省委宣传部历年开展的公众舆情调查显示，其公众知晓度在所有媒体中位居第一。

（二）第二阶段：线上探索发展

《1818黄金眼》除了最早的电视播出平台之外，也在不断更新自己播出和互动的平台，以便从传统媒体下单向的平面化传播向多平台多媒体的立体化传播转化。2011年，栏目开通了自己的新浪微博，该微博的定位从一开始配合电视栏目抽奖互动的角色发展到现在成为和电视一样的新闻发布平台，粉丝人数现已超过1000万人，每条微博的互动量基本在300～500人。2015年，栏目入驻华数TV，开辟了自己的栏目频道。观众除了通过电视在固定时间收看栏目外，可以在华数TV的网站上随时选择自己感兴趣的新闻内容进行观看，提高了栏目收看的灵活度。2018年，栏目组选择入驻两大视频平台——腾讯和爱奇艺，受众范围进一步扩大。而在弹幕亚文化流行的B站（bilibili简称），栏

目也开辟了自己的频道做起了发布者。因为 B 站的弹幕从另一方面更加满足了互联网用户的互动需求，B 站用户对于网站的依赖程度相比普通的视频网站更高。栏目组在 B 站的热门视频的点击量和弹幕量都数以万计。2019 年，栏目组还与 B 站合作推出了《bilibili@ 黄金眼》栏目，旨在吸引更多年轻观众。

《1818 黄金眼》在媒介融合时代一直在转型，栏目结合微博、各大视频平台、弹幕等各种流行元素，从传播渠道入手，将电视新闻的平面传播转向了线上立体化传播。

（三）第三阶段：微博网红化运作的新闻栏目

2018 年，一则关于"发际线男孩小吴"的新闻爆红网络，引起网民的广泛讨论，甚至还出现了相应的周边产品。"发际线男孩小吴"成了网红，《1818 黄金眼》也成了网络上的爆款新闻栏目。《1818 黄金眼》由此"出圈"，成为微博新闻自媒体的网红品牌，被网友视为"奇葩新闻""沙雕新闻""欢乐源泉"。《1818 黄金眼》官方也有意迎合这些微博受众的印象和内容需求，对自己的新闻报道进行进一步风格化，对《1818 黄金眼》进行品牌化运营。

截至 2020 年 1 月，作为独立的新闻发布平台，《1818 黄金眼》微博粉丝数量已经超过 500 万。在微博搜索"1818 黄金眼"，有相当数量的热门话题和热门帖子。其中，"#1818 黄金眼快乐源泉 #"是微博的常驻热门话题。一些影视剧也会借助"# 剧版 1818 黄金眼 #"作为营销手段，说明《1818 黄金眼》作为新闻栏目，其影响力已经突破新闻媒体层面，成为大众社交媒体日常文娱生活的重要标志性自媒体。《1818 黄金眼》"新闻＋娱乐"的生态定位，让它成为社交媒体新闻栏目中的网红。自其 2011 年注册新浪微博账号以来，在其官方账号发布的新闻中，有数十条新闻获得 1 万次以上的转发，其中"天德池里丢东西""尤老师高价减肥茶无效维权事件""小吴剪发"事件，更是转发评论数万条，登上微博热门，创造了新的流行语、表情包和社交媒体话题，这在新闻媒体尤其是传统电视新闻栏目的线上发布渠道中十分少见。《1818 黄金眼》也因此成为微博网友最为关注的新闻栏目，并获得了"快乐源泉"这样似乎与传统新闻栏目不甚匹配的标签，成为新浪微博最具日常影响力和话题度的新闻栏目之一。

二、融媒体语境下的新闻取向转变：从民生新闻到草根新闻

（一）民生／公共新闻取向：电视时代的《1818黄金眼》

《1818黄金眼》在其电视传播阶段的定位是比较正式的民生新闻。这里需要进一步强调民生新闻的概念：民生新闻从诞生之日起，本身就比较贴近日常，旨在通过报道街头巷尾的民间纠纷、琐事，展现与民生相关的社会普遍现象和问题。因此，在新闻素材的选择上，民生新闻相对于其他新闻，本身就具备一定的"娱乐基因"。在传统电视民生新闻栏目里，一些具有戏剧性的婆媳纠纷、消费纠纷、邻里纠纷、陈年旧账等新闻内容就比较受欢迎。但同时这也使民生新闻呈现出琐碎性、浅层次、同质化的特点，备受诟病。2006年1月，《1818黄金眼》扩版为每晚两档直播，分别是《1818黄金眼》民生版（首播：每晚18：18—19：30）和《1818黄金眼》公众版（首播：每晚21：45—22：45，现改为每晚21：40—22：30）。民生版为民生新闻风格，而公众版则策划了"大事件""杭州日""浙一天""中国结""天下会"等几个版块，有意与民生版有所延续又有所区别，然而几年的实践下来，公众版与民生版趋同现象日益严重，在播放率上也与民生版不可同日而语。但从《1818黄金眼》在电视时期对于公共新闻定位和深度用户的争取行动上来看，这台节目是有意于让自身在严肃新闻、深度专题报道等领域占据行业生态位置的。明确这一点，有利于为《1818黄金眼》线上转型在内容形态、新闻类型和受众满足度等方面提供更加准确的参照基础。"大事件"邀请专家点评今日大事；"杭州日"聚焦杭州本地新闻；"浙一天"利用各地方台资源报道浙江全省的民生新闻；"中国结"和"天下会"则放眼全国和全球的趣事要闻。不过从两个新闻版面的内容分布来看，《1818黄金眼》公众版中的"大事件""中国结"和"天下会"已经很少有内容更新，基本上已经淘汰。从新闻类型、报道方式尤其是新闻深度上来说，《1818黄金眼》公众版与《1818黄金眼》民生版已经不存在本质差别了。从其作为电视新闻栏目本身的发展来说，这一点可能与电视行业整体的收看趋势相关，但如果结合《1818黄金眼》后续的线上转型策略来看，这种从民生新闻转向公共新闻，又因为现实的传播效果问题，回到民生新闻的发展路径，无疑为《1818黄金眼》在微博的新闻品牌定位做好了铺垫。

（二）新闻娱乐趣味取向：草根话语主导《1818黄金眼》

第一，新浪微博逐渐成为《1818黄金眼》作为一档新闻报道栏目的主战场，周均新闻发布数量不断增多，适应新浪微博内容承载方式的新闻形式也越来越多。同时，《1818黄金眼》逐渐显示出将新闻报道作为自媒体内容运营的倾向，

有一些针对其新闻受众（微博粉丝）的营销内容出现，已经呈现出比较显著的微博自媒体传播特征。

第二，《1818 黄金眼》从电视时代对公共新闻的追求，逐渐回归到对民生新闻的传统报道中，对新闻题材的市井化、议题的市民阶层特征进行一定程度的迎合。到其线上发展阶段，从 2011 年到 2015 年其线上品牌定型开始，这种市民阶层借由互联网普及引发的草根阶层崛起，进一步发展为由草根话语、草根生活议题主导的新闻报道倾向。关于这一点，人民网研究院 2012 年度《"草根"话语在门户网站的自觉表达》利用门户网站新闻内容分布的量化分析方法，对《1818 黄金眼》A、B、C 三个构造周样本的新闻场景和新闻主人公身份分布进行了粗略统计。统计将新闻当事人按照社会身份划分，分为上层（企业主、大企业管理人员、高级专业 / 高学历人员）、中层（中层干部如公务员警察、中层管理者、中层技工）、基层（办事员、个体劳动者、基层人员）三类，统计发现在明确透露新闻事件当事人身份的 340 个样本中，绝大多数主人公都是日常生活中的普通人，即使是在通常被人羡慕的职业——中小企业主、大企业经理人员、公务员、医生等中，也没有发现名声地位显赫者。按照这个标准来看，《1818 黄金眼》的三个构造周样本中，340 起新闻事件的当事人身处基层的有 333 个，占 97.9%。可见，从民生新闻的内容定位来看，《1818 黄金眼》达到了其"关注民生，服务百姓"栏目宗旨所强调的民生属性要求。

此外，新闻发生场景也可以帮助我们进一步加深对《1818 黄金眼》民生定位的认识。在所有新闻样本中，有 114 起发生在街头，89 起发生在普通人的家中，121 起发生在各种百姓消费场所，余下 24 起发生在特征较为模糊的公共场合。从场景来看，也是紧贴民生新闻定位。从数据中可以看出，自 2011 年栏目上线新浪微博开始，《1818 黄金眼》从原本的民生新闻定位，进一步朝突出新闻趣味性的草根新闻媒体定位发展。美国人本杰明·哈里斯于 1690 年在美国创办的《国内外公共事件报》，以报道形形色色的有趣事件吸引读者。中国新闻界对新闻趣味性有着自己的认识和实践过程。中国无产阶级在把报刊作为革命宣传工具的前提下，强调办报要掌握宣传艺术，提倡新鲜活泼、生动有趣的文风。

可以看出，新闻的趣味性关乎两个方面，第一，新闻内容在事件情节上具有一定的曲折性和戏剧性，能够引起人们关注和阅读收看的兴趣；第二，新闻题材尤其是新闻主人公和发生场景，与新闻受众的关联程度，也决定了该新闻内容能在何种程度上吸引受众，引起受众的注意、唤起其情感共鸣，最终为其喜闻乐见。

《1818 黄金眼》立足于电视时代民生新闻的基础，针对微博这一类型的新媒体尤其是以线上社交和信息分享为主要属性的社交媒体，更将新闻趣味性置于其新闻报道采写原则的重要位置。在传统电视新闻栏目集体向线上转型的浪潮中，《1818黄金眼》是将新闻趣味性与特定新闻类型结合最为成功的范例之一。这种转型思路，也与新闻内容在社交媒体中的传播路径与受众群体画像有关。

第三节　国内外电视新闻媒体融合的发展比较

一、国内外电视新闻媒体融合的相同点

各国电视新闻媒体融合都是依托于母公司强大的纵向产业链进行横向资源整合，而新闻的强大提升了集团的竞争优势。同时，积极快速地抓住机会与新媒体合作，是他们立于不败之地的重要基础。

（一）资源整合形成规模经济

长期以来，推动资源整合，是各国传媒集团战略运营的重要主题之一。比如 CNN（美国电视新闻网的简称）的母公司时代华纳，它是美国电视行业产业链纵向整合最为完整的媒体集团。华纳兄弟电影、电视和动漫公司处在产业链的上游，是最具实力的内容供应商；CNN 等多个有线和无线电视新闻网，处在中游的内容集成和分销环节；最后，时代华纳等处在下游的内容播出和传输环节。从上述几大媒体集团的媒体融合现状可以看出，新闻业跨媒体的横向资源整合都得益于集团规模经济的产业链。纵向资源整合形成了规模经济，为新闻媒体的横向资源整合提供了基础，而新闻的强势更增强了媒体集团的竞争优势。

（二）与新媒体融合提升竞争力

从上述几家传统媒体的融合发展过程都可看出，传统媒体之所以仍能强盛发展，他们都历经了抢先与新媒体合作的过程，并且都获得了意想不到的收获。无论是 BBC（英国广播公司的简介）、美国综合媒介集团，还是法国 France 24 电视台、日本 NHK、上海文广集团（上海文化广播影视集团的简称），与新媒体进行融合是提升自身竞争力的必要之举。

例如，CNN 从 2005 年开始大举进军新媒体，先是与经营无线技术的高通公司合作，同时又通过联合三星、LG、诺基亚等手机生产商在手机内置 CNN Mobile 频道。

此外，CNN 还率先与网络融合，积极与 YouTube、Face book、Twitter 等新媒体在特定事件上展开合作，获得了巨大成功；上海文广集团则在 Youtube、Face book 等社交平台上设立频道。

二、国内外电视新闻媒体融合的不同点

各国电视新闻媒体融合的相同点比较突出，但其不同点也很明显，主要体现在媒体融合的差异化及由此引致的新闻报道的独特性上。而正是这种差异化和独特性，使各国电视新闻业呈现出多足鼎立、和谐共生的局面。

（一）融合发展的路径差异化

通过对比分析英国 BBC、美国媒介综合集团、CNN、法国 France 24、日本 NHK 以及上海文广集团的融合发展路径可以发现：美国媒介综合集团、CNN 走的是市场化的融合发展道路，即电视新闻媒体寻求融合转型是完全出于媒体自身的意志，通过市场化的手段实现横向和纵向的整合，从而提升自身的竞争力。这与美国市场经济非常发达、各项体制机制及配套服务机构比较健全不无关系。英国 BBC 实际上是由政府控制的宣传机构，其融合发展之路虽然或多或少地显现出政府的影子，但市场机制仍然发挥了决定性的作用。而法国 France 24、日本 NHK 融合发展的道路上则鲜明地打上了政府的烙印。法国 France 24 则与另外两家电视台一道被法国政府做了合并，国家的战略意图及意志彰显。上海文广集团则与法国 France 24 以及日本 NHK 有些类似，融合转型是在政府机构的指引下进行的。由此可见，一国电视新闻媒体融合发展的过程与之国情有很大关联。

（二）与新媒体融合形式各异

媒介巨头们在与新媒体融合的过程中，差异化非常明显。这其中，英国 BBC 处于领先地位。一方面自行推出 BBC I Player，实现新闻的多屏传播，另一方面又与社交媒体进行充分合作。CNN 也不肯多让，其首创的 CNN Mobile 取得了巨大的成功，此外，与 Twitter 联合开发的突发新闻系统，也使 CNN 拥有了第一时间获得 Twitter 网站突发新闻信息的优先权。France24 与 Face book，Twitter 合作打造了 France24 社区，可实现信息在线浏览及时满足用户社交需求。日本 NHK 则创新性地打造了集数字图像、声音资源于一体的 NHK 文档馆。

（三）新闻报道风格的独特性

上述几家电视新闻媒体在寻求融合转型过程中，对自身新闻报道的定位各有不同。例如，CNN 的电视新闻报道理念是极力推崇对全球新闻报道的速度和信息量，鲜有对新闻的分析调查和评论，只客观报道现场，这就是它的风格，这与之在突发新闻信息资源的获取方面有得天独厚的优势不无关系。美国综合媒介集团虽也是美国传统的老牌新闻媒体，但在融合新闻的大潮中全然的跃进式创新，采用的则是全新的媒体融合的做法，全球性新闻未必是它的强势所在，但本地新闻的报道得益于全新的媒体融合做法，使其有着权威性优势。法国 France 24 则通过 24 小时连续报道、三种语言同步播送这样一种全方位、铺开式的报道方式，以扩大其国际影响力。日本 NHK 的新闻报道则体贴入微、注重细节，时刻以受众为中心。上海文广集团的新闻报道则与美国综合媒介集团有些类似，注重个性化播发、新闻资源共享及充分利用。

第三章 融媒体时代电视新闻的发展环境

融合传播环境下，新闻空间中的声源数量骤增，信息空间呈现万物联网的"泛媒介"状态。新媒体产业模式的创新，极大程度地变革了传统广播电视新闻的发展之路，加速了广播电视新闻采编工作的升级转型。随着媒体融合广度的扩大对广播电视新闻创新性提出了更高的要求。本章分为融媒体时代电视新闻的发展困境、融媒体时代电视新闻的发展环境、融媒体时代电视新闻的动力机制三部分。主要内容包括：我国广电新闻媒体的融合进程、电视新闻媒体融合发展中的存在的困境、电视新闻媒体融合发展的外部环境、电视新闻媒体融合发展的内部环境等方面。

第一节 融媒体时代电视新闻发展的困境

一、我国广电新闻媒体的融合进程

近年来，在媒介融合的语境中，传统广电媒体为了破除自身在传播范围、载体等方面的局限性，积极布局新媒体业务，取得了一定的进展。尽管如此，电视及广播媒体在融合程度、管理方式、增长速度、整体规模等方面仍存在极大的开拓空间。总体而言，电视及广播媒体所处的行业垄断格局正在被逐渐打破，但新的格局尚处于酝酿之中。

（一）电视新闻媒体与新媒体的融合

电视新闻媒体与新兴媒体的融合发展方兴未艾，现有自建网络媒体、网络电视、台网联动三种模式，包含有线数字电视、网络电视台、手机电视、移动电视等多种基本形态。

1. 自建网络媒体

中央电视台的央视国际网络（央视网）是我国电视自建网媒的开端，自此之后，我国地方电视台自建网络之举一发而不可收。迄今为止，我国内地三十多个省级电视台都有自建网络，能够提供视音频节目或者相应栏目的点播或直播等服务。但也应看到，目前电视自建网络的发展情况不佳，网络人流量非常有限。这是因为，目前国内电视台的自建网络与各大门户网站相比缺乏特色，内容同质化严重，且在用户体验、互动分享等方面与各门户网站相去甚远。

2. 网络电视

随着计算机以及网络机顶盒普通电视机的日益普及，网络电视正迎来良好的发展契机。相比自建网络，网络电视是一种更为直接、有效的通过互联网来传播电视内容的传播平台。在近十年中，以视频网站为代表的网络电视新闻媒体发展迅猛，诸如长视频网站、视频分享网站及网络视频客户已经拥有了一定规模的受众群体。战略层面，自 2013 年底起，电视新闻等传统媒体与视频网站纷纷合作，大力推出互联网电视、互联网盒子等产品。

事实上，制作层面，一些视频网站开始加大内容自制力度，并将目光投向版权上游的影视公司，以此摆脱电视新闻对优质内容资源的控制，这对电视新闻造成了较大的冲击。为此，一些电视新闻媒体开始着手打造自有网络传播渠道，对节目版权严加控制。例如，湖南广播电视集团旗下的芒果 TV，其拥有完整知识产权的自制节目将实现独播，是我国首批获得互联网电视牌照的平台之一。

3. 台网联动

台网联动是指传统电视新闻媒体在播出、宣传、互动、效果反馈等环节与新媒体进行的跨媒体合作。几年前，台网联动仅仅是电视新闻媒体基于提升收视率、流量的需要，而产生的与新媒体进行互补合作的态度和愿景。发展至今，台网联动已成为电视新闻媒体以及新媒体把握发展机遇、应对激烈竞争的必要手段，是当下省级卫视主要的融合方式之一。尤其是随着"一剧两星"政策的实施，台网联动的重要性正日益凸显。

纵观当前国内电视新闻媒体的发展轨迹，电视新闻媒体与互联网等新媒体联动发展已成为其"造剧"的秘密武器，但其并未从根本上破除电视新闻媒体单向播出的栓结，其传播模式、盈利模式仍有待完善。

（二）广播媒体与新媒体的融合

广播是传统主流媒体的重要组成部分，具有节目制作简便、接收工具便宜、接收方式简单，以及收听方便等特点。广播是传统媒介时代受众了解外界讯息最快捷的媒体，也是传统媒体中唯一具有即时互动传播功能的媒体。但是在信息技术高度发达的今天，在传统电视新闻媒体以及新媒体的冲击下，广播市场日渐萧条，受众流失严重。全媒体时代各种媒介形态呈相互渗透与融合之势，对广播媒体而言这既是挑战，也是机遇。融媒体时代，广播媒体保持自身的优势取得发展是其亟须考虑的问题。现阶段，在受众层面，广播媒体的受众主要是城市有车一族、老龄受众等。广播媒体的内容形式以新闻、交通、评书以及养生等为主。在内容制作层面，长久以来广播媒体具备了较高水准的新闻采编能力，"内容为王"的优势充分凸显，其舆论引导能力也成为媒体的核心竞争力。

在与新媒体的融合发展方面，早在 1997 年，上海东方广播电台就已与"瀛海威时空"合作开设网络广播节目。随后，众多广播电台开始纷纷效仿。进入全媒体时代，手机广播也开始盛行。迄今，广播媒体与新媒体融合的形式更为多样。例如，广播电台是手机媒体重要的信息来源，许多电台提供行政监督类节目的网络直播和点播、互动分享等功能，使广播媒体开始被更多的中青年人群所关注。

依据新媒体业务链入的形式划分，目前广播与新媒体的融合形式可归为两类：自发办网以及合作建网。第一，自发办网。例如，"长江之声网络电台"是由江苏电台自主筹办，该网络电台上的内容可分享至微博、开心网、人人网等多个社交平台；内蒙古广播电台以网络、微博、微信终端等新媒体的建设为切入点，实现向全媒体的转型。第二，合作建网。全媒体时代，如网易、搜狐、新浪等门户网站的影响力与日俱增，广播媒体可与之进行合作办网。虽然广播媒体与新媒体的融合已经取得一定的进展，但目前仍存在诸多问题。

第一，节目形态老旧。广播媒体与新媒体进行融合，向 SOLOMO（社交化、本地化、移动化）媒体加速转型的趋势明显，但节目形态很大程度上仍拘泥于传统节目形式，以新闻、交通、评书、娱乐为主。这虽然能满足部分传统终端受众以及车载受众的需求，但对移动端和 PC 端受众的吸引力极其有限。

第二，在内容方面，节目同质化严重。省、市级的广播电台可能同时覆盖一些地区，但节目形态大同小异，节目内容同质化严重。

第三，内容生产制作能力不足。目前广播媒体在传统四大媒体中内容生产制作较为落后，采编队伍能力有限。

第四，新媒体内容创新迟缓。广播媒体拓展新媒体业务，传播的范围从区域化转为全覆盖的趋势明显。当前主要的做法是将已有节目压缩后在网络平台上发布，内容创新迟缓。而且，网络电台盗版现象猖獗。

事实上，各大网络电台或多或少会出现"搬运"其他平台节目内容的行为，这也是对网络平台中优质内容的稀缺一个侧面反映。

二、电视新闻媒体融合发展中存在的困境

目前，国内的媒介融合还处在不断探索的阶段，各类问题层出不穷。新媒体的即时性、互动性、开放性传播特点，以及受众需求日益分众化、碎片化的发展趋势，都对传统电视新闻媒体的融合发展构成了严峻的挑战。要破除种种困境，推动电视新闻媒体的融合转型势在必行。具体而言，存在四个方面的困境。

（一）传播困境

对于新闻媒体而言，融媒体时代的大环境突出体现在三网融合后形成的集成各类技术的平台上，以及由此而产生的信息传播的新特点上。

三网融合后各类技术集成的平台彻底解构了传统的新闻信息传播模式。2011年6月，我国开始部署"三网融合"，2013年至2015年全面实施，数字生活融入了寻常百姓生活。三网融合让全国形成了一张大网，并毫无悬念地被融入了全球统一的信息通信大网络中，同时也为融媒体时代构筑了一个可以依靠的集成各类技术的平台。网络和数字技术的融合（包括成熟的3G、盛行的4G、普及中的5G及流媒体技术等），使信息传播、内容和通信服务的方式等发生了重大变革，尤其是个人信息消费的具体形态发生了质的变化。用户可以通过电视、电脑、手机等终端，在任何时间和地点发布和获得任何想要的信息。人们用实际可操作的手段参与社会政治，参与社会生活。过去一个新闻信息的传播，都是由权威新闻媒体部门派出专业媒体工作者去挖掘和采集数据资料，然后制作出相应的新闻内容进行报道。在融媒体时代这样的逻辑已不再适合，新闻信息不再是以往的依靠传统媒体单向传递，而是任何人面前都有摄像机和麦克风，很多新闻信息由网民首先提供。他们把即时捕捉到的新闻信息进行发布，伴随着大量自由言论的跟帖热议，传统的信息传播模式开始被解构，传统新闻媒体的话语权受到挑战。

融媒体时代信息传播呈碎片化、无边界和互动性等特点。传统的杂志每月或每周一册，互联网上的文章按篇为单位组织，而论坛和微博上，则是按一句话为单位组织信息，信息的使用粒度越来越小，越来越碎片化。三网融合后形

成的大平台打破了业务应用的边界，任何人都可以在这个无边界的大平台上同时开着几个 QQ、微信、微博的窗口。而人人面前的摄像机和麦克风，让人人拥有"万能"的工具。任何一个信息的发布，都意味着信息在全国乃至全球的实时传递，并且可以瞬间得到反馈。

融媒体环境下，所有个人和组织都处在一个平等无阻的空间中，任何个人或团体都能随时建立直接联系，以往电视新闻单向传播的层级式结构已不复存在。由此，传统电视新闻媒体面临的最大挑战莫过于对新闻信息的即时捕捉、快速传递和权威性的跟踪报道。传统的电视新闻媒体如何应对？观念层面的快速转型首当其冲，继而才能真正开拓实践层面的深层次的媒体融合。

（二）体制困境

依据新制度经济学理论，国家的两大基本目标为：一是界定形成产权结构的竞争与合作的基本规则，使统治者阶级利益最大化；二是在目标一致的框架中降低社会交易成本，从而使社会公共利益最大化。然而，这两个目标在很多情况下是相互矛盾的，我国传媒产业即是如此。政府既是传媒的管理者、政策的制定者，又是市场的参与者。这使政府难以以市场竞争主体的身份参与市场竞争、进行资源配置，同时又得自负盈亏，承担市场风险。

当前电视新闻媒体仍属于事业单位，"四级办台"的体制牢固。20 世纪末，虽然国家大力推动广电媒体管理体制的改革，但始终未触动其事业管理机构的基本属性。进入到 2003 年，广电媒体体制改革的序幕才正式拉开，但进程缓慢，滞后于新闻出版业的改革。融媒体时代，在跌宕起伏的变革格局中，在激烈的市场竞争面前，电视新闻媒体亟须成为事实上的市场主体。如果不对现有体制进行变革，将不利于电视新闻媒体的融合发展。当前阶段，电视新闻媒体在体制方面存在如下一些问题。

1. 管理方式条块分割严重

尽管国家已制定了用于规范传媒行业发展的大量行政规章制度与管理办法，但决策机制、组织架构、人力资源建设等方面仍有一些不合理的因素存在。与此同时，牌照制度和行政区划的存在使行业的业态壁垒凸显，这导致很难统一各传统媒体的利益诉求，最终各类媒体管理效率低下，难以实现规模经济发展。

2. 法律法规体系亟待完善

电视新闻媒体的融合发展涉及政府、媒介机构以及用户（或市场）。三者当中，政府应履行制度规范制定以及行业发展推动的职责。首先，行业壁垒阻碍媒介融合进程。在数字化浪潮当中，电视新闻媒体的发展速度难以满足受众日益分化的需求，各类媒介都均具有向其他媒介领域进行渗透的愿景与现实需求。但行业壁垒仍然存在，政府政策的推动力有待加强。其次，目前媒介管理法律亟待完善。例如，新媒体基本法律法规尚不够健全，大多依靠相关条例的约束，容易造成管理上的缺位。推动媒体融合发展，需要在传统媒体体制改革、文化产业政策、实施传媒集团融资等诸多方面进行法律法规体系的完善与重构。

3. 现代企业管理制度不够完善

电视新闻媒体的事业体制色彩一直比较浓厚，媒介产业的发展应是企业行为和市场行为，要想实现电视新闻媒体的融合发展，亟须建立和完善现代企业管理制度。

（三）运营困境

1. 关键资源匮乏

电视新闻媒体融合发展的资源困境主要体现在两个方面。

（1）缺乏新媒体业务运营方面的人才

传统媒介时代，电视新闻媒体拥有包括内容、设备、品牌、人才以及影响力在内的大量优势资源，但这些很难有效延伸到新媒体领域。例如，在内容生产制作人才方面，传统媒介时代的电视新闻媒体具有绝对优势，但新媒体时代这一局面发生改变，取而代之的是亟须复合型、专业化的人才队伍（高层次管理经营人才、信息技术的专业人才、全能型记者等），电视新闻媒体在这方面却不具备优势；电视新闻媒体拥有大量的内容资源，精品内容却乏善可陈。

（2）缺乏发展新媒体的关键资源

新媒体是在技术进步以及社会需求结构发生改变后的大背景下应运而生的，自诞生之初就是市场化产物，在市场进入、机制运用等诸多方面都比电视新闻媒体更为灵活，无论是综合实力还是市场份额都拥有绝对优势。在新媒体业务方面，电视新闻媒体的技术资源、资本实力并无优势，同时还缺乏核心的人才队伍。

2. 传媒价值链尚未完全形成

当前阶段，我国网民规模虽大，但网络普及率较世界平均水平仍有差距，并且在不同地域、行业、阶层、受教育程度人群之间网络普及率分化严重。

一方面，由于缺乏相关的市场辅助服务环节和专业中间机构，导致电视节目的研发、设计及生产大多缺乏前期的调研与论证，很多时候需要依靠管理层的经验和能力来拍板，照搬国外节目内容及形式之举大行其道。由此导致媒介行业的专业化、细分程度也不够高，节目创意设计、节目市场调研、受众心理研究等电视节目专业化开发环节不够规范，完全的行业细分也还没有建立起来。

另一方面，我国的电视用户早已习惯了内容免费的电视产业模式，多数电视新闻媒体仍然依靠单一的广告收入来源生存，新媒体盈利模式不清晰，整个媒体行业的产业价值链没有完全建构。因此，打造"信息生产——信息发布——信息增值"这样一条完整的媒体产业链是电视新闻媒体融合发展的目标之一。

3.融合发展要花费较高的成本

电视新闻媒体要实现融合发展，发展新媒体业务必不可少。但是，发展新媒体业务需要在版权投入上加大力度，这将会产生较高的带宽成本。例如，网络视频、IPTV以及手机电视等均需要较高的前期投入，内容版权成本和带宽成本较高，形成规模效应需要耗费较长的时间。倘若难以解决运营成本问题，传统电视的融合发展之路将有可能遭遇瓶颈。实际上，大部分传统电视新闻媒体仍然过于依赖单一的广告收入。

此外，与新媒体公司主要依靠市场的资本运作获得资金有所区别的是，由于电视新闻媒体事业体制色彩较为浓厚，导致其投资主体固定、融资结构简单、资本来源性质单一，并且自有资金及盈利的使用受限制较多，也难以接受风险投资出让股权。综上一些因素导致电视新闻媒体在发展新媒体业务时，面临的资金压力较大。

4.媒介内容产业发展动力不足

内容的生产、制作和管理是电视新闻媒体融合发展的生命线。但在融媒体时代，电视新闻媒体在这方面尚存在一些不足。例如，融媒体环境下，各媒介之间亟待相互渗透，并依据各自传播特点和受众需求分别进行重组。但电视新闻媒体尚未构筑统一的平台或机制以实现对内容的有效整合，各内容生产商难以形成共融共享之势，内容产品的多样化之路受阻。

此外，由于缺少内容产品的交易和流通市场，导致无法实现产品价值的良性循环。而媒介融合会为彼此抄袭打开便捷之门，致使版权保护困难重重，严重背离其战略本意。

（四）文化困境

推动电视新闻媒体的融合发展，不可避免地要面临媒介文化差异的问题。以电视、广播以及报刊为代表的传统媒体文化相对保守，而新媒体作为信息时代的产物，其自诞生之日起即被注入自由的文化因子。管制体制和文化差异成为阻碍媒介融合的栓结，对融合发展的成败有着重要影响。

例如，时代华纳与美国在线的结合之所以未能取得成功，媒介文化的冲突是一个重要诱因。美国在线是互联网时代的产物，倡导创新和冒险的企业文化，更为关注用户体验、需求导向，对环境的适配性较强。而时代华纳则是深耕传统媒体领域的巨头，文化底蕴深厚，对职业操守和社会影响尤为重视。合并之后，两者并未如市场所预想的那样实现优势互补，反而摩擦不断。时代华纳员工无法适应美国在线崇尚冒险的作风，而美国在线员工也对时代华纳保守谨慎的行事方式嗤之以鼻。在激烈的文化碰撞下，最终导致内部阵营分化，集团正常运营秩序受到严重干扰，最终不得不分道扬镳。电视新闻媒体实现融合发展，可能会出现传统媒体与新媒体文化的碰撞，这是需要着重解决的问题之一。

第二节　融媒体时代电视新闻发展的环境

电视新闻媒体融合发展并不是一个孤立的课题，而必然会与其所处的环境产生联系。电视新闻媒体具有浓厚的事业单位性质，政治属性鲜明，深受国家的政策和行政指令影响。同时，随着全媒体时代的到来，电视新闻媒体又要面对激烈的市场竞争，又要被打上"市场化"的烙印。此外，面对新媒体的冲击，推动电视新闻媒体的融合发展势必会引致组织内部的变革。

一、电视新闻媒体融合发展的外部环境

（一）政治环境

电视新闻媒体融合发展的政治环境，是指制约和影响电视新闻媒体融合发展的制度环境。即便电视新闻媒体走融合发展之路，其依旧具有鲜明的政治属性，这是因为，电视新闻媒体是党和国家开展宣传工作的喉舌，其一方面能够享受到更多的政策资源，另一方面也会受到更多的监管和约束，承担起引导公共舆论的社会责任。以上也就决定了电视新闻媒体的政治属性高于经济属性，宣传职责大于经营职责，社会效益重于经济效益。如何实现经济效益和社会效益的双赢，是电视新闻媒体融合发展过程中需要考虑的问题。当前阶段，电视新闻媒体融合发展的政治环境主要体现在以下三个方面。

1.政府对电视新闻媒体的直接管控

《广播电视管理条例》明确规定我国广播电视奉行"条块结合、以块为主"

的分级管理方针，实行中央和地方双重领导管理。其中，国家广播电视总局是广电媒体的中央主管部门，此外还设置省（直辖市、自治区）、市（地区、州）、县电视媒介管理机构。电视新闻媒体奉行宣传工作、事业建设和行政管理"三位一体"的方针，其中以宣传工作为中心职能，其必须坚持"五个有利于"原则，贯彻和反映党和国家的政治立场和政治主张。

2. 制定法律法规制约并规范广播电视事业

当前阶段，广播电视的产业属性越来越明显，但我国在这方面的立法还不是很完善，亟待颁布完整的广播电视法规。现有规范主要有国务院 1997 年颁布的《广播电视管理条例》以及 2001 年颁布的《广播电视设施保护条例》。

3. 政府对电视新闻媒体融合发展的政策扶持

2014 年，国家在以往相关政策的基础上又相继出台了《中共中央办公厅、国务院办公厅关于印发〈深化文化体制改革实施方案〉的通知》《关于推动传统媒体和新兴媒体融合发展的指导意见》（中办发〔2014〕48 号），对电视台与广播台合并、传统媒体与新媒体融合的任务，做了进一步的具体部署。

（二）经济环境

电视新闻媒体融合发展的经济环境是指影响电视媒体融合发展的社会经济状况、经济政策以及产业发展状况等。

1. 经济发展

2014 年，我国第三产业增加值占 GDP 比重为 48.2%，同比增长了 1.3%，高于第二产业增加值占 GDP 比重 5.6 个百分点。第三产业增加值占 GDP 的比重持续增加并超过第二产业占 GDP 的比重，意味着中国经济正在由工业主导型加快向服务业主导型过渡，开始由市场经济时代进入知识经济时代。在此背景之下，社会经济发展对信息总量、质量和传播时效性的需求大大增加，大众传媒业的地位和作用得到提升。此时，传媒的角色定位更为丰富多样，一方面应继续扮演政府宣传喉舌的角色，另一方面也要为经济建设提供有力的信息支撑，塑造良好的信息环境。

2. 产业结构

广播电视属于第三产业，依据产业链各构成部分的地位和作用，可以将电视传媒产业做如下分解。

（1）主导产业

毋庸置疑，对于电视新闻媒体，电视节目生产制作和电视节目经营构成了其生命线，是长期以来电视新闻媒体的核心竞争优势所在。近年来，电视新闻媒体开始尝试将一些节目制作从单位剥离出来，并进行公司化管理、市场化运作。此举有利于引入竞争机制，提升节目制作水平，为名牌栏目乃至名牌频道服务的创造提供有利契机。与节目生产制作紧密相关的是电视节目经营，电视新闻媒体生产制作的节目除满足自身需求外，还可通过市场化运营开发实现其价值和价值增值。

当前，在电视节目生产制作和电视节目经营层面，电视新闻媒体仍存在较大的拓展空间。由于电视新闻媒体长久以来采用封闭式的生产方式，我国的电视节目市场发展滞后，产业化程度比较低，产业价值尚未得到有效开发。

（2）支柱产业

广告收入是电视新闻媒体的主要经济来源，构成了电视新闻媒体生存发展的基础。我国电视广告收入近年来增长缓慢，2014年更是首次被互联网广告超越。融媒体时代，尽管业界呼吁电视新闻媒体应积极探索多元化的盈利模式，改变单一依靠广告收入的模式。但是就目前情况来看，大力开拓广告市场仍然是最为理性的抉择。

（3）基础产业

首先，在电视传输网络领域，经过几十年的努力，我国在数字化、三网融合、双向网改造、高清互动方面均取得了长足进步。其次，在电视技术及其网络技术领域，目前仍然存在重复建设的问题。为此可通过资源整合形成整个电视新闻媒体统一的技术开发服务平台，实行企业化管理、市场化运作。

（三）技术环境

电视新闻媒体融合发展的技术环境是指影响电视新闻媒体生存和发展的科技水平、科技环境以及人们对传媒技术的使用情况等。融媒体时代的到来与技术进步休戚相关。其中，数字化技术、网络化技术和三网融合技术的出现，极大地推动了各媒介之间技术边界的消失，带来了传媒领域一场深刻的变革，成为媒介融合的主导因素。在此背景下，媒介资产通用性程度逐渐提高，新媒体、新业务、新应用层出不穷。其中，数字化技术可将语音、文本和视像等不同信息形式转化为统一的"比特流"，自此各类信息形式之间可以相互转制。而三网融合技术（以IP技术为基础）是数字化技术与网络技术相互结合的结果，它的出现一方面促使既有信息的单向传播模式向双向传播模式转变；另一方面也极大地降低了信息传播成本。媒体技术的快速发展，使原来广播电视、报纸期刊、电信产业的分立专用传输平台趋于统一，形成多媒体基础平台，该平台具有适应性广、费用低、易维护的特点。

1. 数字化

数字化技术肇始于 20 世纪 80 年代，为媒介融合创造了有利条件，媒介可以轻松实现多种信息形态的传播。在通信及大众传播领域，传统模拟制式正向数字制式全面转变。数字化技术可以将文字、声音、影像等所有信息形态转换为标准化的机器语言，让不同形态的信息得以用标准化的数字语言来进行表达和传输。数字化技术带来了传播深刻的变革。首先，信息传输、复制的速度相比以往得到较大程度的提高，同时成本降低。其次，信息渠道开始融合，信息形态之间的界限逐渐消失，数字化语言成为媒介传播的介质，是不同形态信息之间相互转制的中间形式。三是信息与介质分离。在数字化时代，可以通过数字技术对信息进行编码，传输到数字化终端后又可通过解码还原为信息。信息与介质的分离，使得如 PC、PAD、手机等数字化的智能终端均可以接收任何形态的信息，方便受众接收信息，降低了受众的成本。信息与介质分离，这在传统媒介时代是不可想象的。尼葛洛庞帝在《数字化生存》一书中表示，比特能够便捷地实现混合，以同时或分别被重复使用。

2. 网络化

数字化解决了信息转换问题，而网络化则对信息传输问题的解决至关重要。全媒体时代，互联网对于媒介传播的作用主要体现在两个方面。首先，互联网可最大限度地模拟人与人之间全信息形态的传播。众多周知，传统电视新闻媒体可实现点对面的传播，却无法进行即时的互动传播。网络的出现弥补了传统电视新闻媒体这一局限性，可实现点对面的大众传播以及点对点的、双向互动的信息传播。其次，互联网突破了信息传播的地域时空限制。虽然传统广电媒体已经在一定程度上突破了信息传播的地域时空限制，但互联网的出现使大范围、远距离的信息传播成为可能。

3. 三网融合

"三网"具体包含电信网、广播电视网、互联网。三网融合是指上述三网之间互联互通、资源共享，在业务范围以及技术要求上产生交叉、趋于一致的过程。三网融合议题最初出现在"十五"计划纲要中，之后国家于 2010 年公布了 12 个试点城市名单及方案，从此三网融合正式步入实质性运行阶段。迄今，我国的三网融合就是在两张物理网（电信网和有线电视网）上实现三项业务（广播电视、宽带接入、语音服务）运营。依据国家公布的三网融合方案，其本质要求是打破行业垄断，推动传媒产业和电信产业"双向进入"。三网融合的推进使电信、广电、互联网的行业壁垒逐渐消除，对于媒介融合有着重大的战略意义。

（四）社会环境

电视新闻媒体融合发展的社会环境是指影响电视新闻媒体运行的社会主体及其意识形态、行为习惯、价值观念及其社会结构等要素。

第一，新媒体语境下，受众的行为习惯已经发生了潜移默化的改变。新媒体语境下，受众不再仅仅是被动地接收信息，而是开始参与信息的传播和制作，拥有更多的传播权利。在此背景之下，用户的参与意识显著增强，媒介传播过程中的互动性开始显现，媒体应充分满足用户的参与需求。

第二，当前我国正处于转型时期，人们对精神生活、文化娱乐产品的需求不断增长，价值多元化的发展趋势日益凸显。为此，媒体应考虑受众日趋分众化的需求。

第三，随着经济的发展和受众收入水平的不断提高，受众的购买能力、选择能力、鉴赏口味大大提高，这对媒体的内容资源提出了更高的质量要求。

二、电视新闻媒体融合发展的内部环境

（一）优势

电视新闻媒体作为传统媒介时代的巨头，优势地位明显。归纳起来，主要体现在以下几个方面：

1. 传播内容更具权威性

新媒体信息传播主体的匿名性和多元化使网络信息垃圾较多，其中不乏负面、消极的信息，因而社会认知度相对较低。传统的电视新闻媒体自诞生之日起商业盈利属性较弱，主要承担政府宣传、舆论引导、社会监督等职能。其具有严格的节目审查和监管机制，与人们的日常生活密切相关，多年来积累了根深蒂固的社会权威性。尤其是在重大新闻事件的报道中，电视新闻媒体的公信力、权威性更能得到彰显。

2. 内容制作水平更高

电视新闻媒体拥有专业化的内容制作团队、设备资源以及重组的节目经费，这也是其在传统媒介时代占据优势地位的重要原因之一。相比而言，相当一部分的新媒体内容制作者缺乏专业的训练，缺乏视频节目制作的经验。此外，长久以来，电视新闻媒体还积累了数量可观的版权内容资源，倘若充分利用数字化技术以及网络技术，可快速转化为融媒体时代的内容优势。

3. 资源优势更为明显

首先，电视新闻媒体获得的政策资源和行政保护更多，典型的如广电新媒体的牌照，这有利于电视新闻媒体在融合发展中获取市场主动权。

其次，人才储备更为丰富。电视新闻媒体拥有大量专业人才储备，电视新闻媒体在融合发展过程中可充分利用，并转化为自身的核心竞争力。

最后，设备资源更多。新媒体虽然在传播模式上具有很多优点，但在技术上还存在诸多掣肘。例如，电视新闻媒体在传统媒介时代累积了较大的设备资源优势，能保证高质量的视频享受和视觉冲击，而新媒体在这方面难以与之匹敌。

（二）劣势

第一，事业单位体制不利于电视新闻媒体参与广泛的市场竞争。首先，电视新闻媒体长期习惯于封闭垄断的环境，市场运营更容易受到政府和行政部门的限制。尽管当前电视新闻媒体所处的封闭垄断环境已开始逐步消解，但原有的惯性依然会持续一段时间，一旦开始与新媒体等市场化的主体进行竞争，体制机制上还是存在诸多掣肘。其次，电视新闻媒体的行政色彩较为浓厚，不利于对员工进行激励，将阻碍人才的引进及培养。

第二，传统电视新闻媒体在新媒体运营方面仍缺乏经验。要把自身固有的资源优势延伸到新媒体业务中，仍要一段时日。同时，电视新闻媒体在发展融媒体业务所需要的技术、资金、人才等关键资源的储备上尚有不足。

第三，传统电视新闻媒体体制僵化，以单向传播为主。在当前环境下，受众对信息传播的互动性、即时性以及个性化的要求越来越高。电视新闻媒体在快速反应、互动传播、贴近受众、技术创新与应用、随时随地接收等方面的不足日益凸显。

三、电视新闻媒体融合发展的市场环境

（一）既有竞争者

传统媒介时代，传统电视新闻媒体具有地域性和行政性特征，电视新闻媒体呈现出中央台一家独大、省级台强弱分化的竞争格局。在一个行政区域内，一般只有一家具有行政级别、处于绝对竞争优势地位的电视新闻媒体。在整个行业范围内，各电视新闻媒体之间虽然存在激烈的竞争关系，但并没有行业退出机制。在融媒体时代，电视新闻媒体融合发展的地域限制和级别限制将会被打破，作为市场化竞争主体的新电视新闻媒体将通过媒介融合突破限制，争取到更宽阔的发展空间。

（二）替代者的威胁

三网融合进程的加速推进为电视新闻媒体的发展带来了一些新的变数。虽然电视新闻媒体可以借此加速拓展其新媒体业务，但同时通信行业以及互联网行业也存在复制广电业务的机会，从而引发三大行业的全面复制性竞争。此外，媒介融合让电视新闻媒体在内容、渠道、服务、终端等各个层面不再具备垄断优势，将会面临更多替代品的竞争。首先，在内容生产环节，融媒体时代的受众将扮演更多的角色，人人都可以是记者和媒体，报业、广播以及新媒体都将是内容生产的主体，内容生产趋于多元化。最后，在内容传输环节，广电网、电信网、互联网、无线互联网都具备音视频独立传输的功能。在业务应用环节，互联网平台具有强大的聚合能力，新媒体可以提供智能化、移动化、个性化、社交化的终端，用户可更为便捷地接收音视频信息。

（三）新进入者的威胁

技术进步使传媒行业的封闭垄断格局被打破，新媒体、新业务不断涌现，包括报刊、广播在内的传统媒体也纷纷向新媒体靠近，越来越多的市场主体将成为电视新闻媒体的竞争者。从行业层面看，三网融合的趋势不可逆转，通信运营商和互联网运营商都在积极布局音视频业务，传媒市场呈现多元化的发展趋势。这些潜在进入者或拥有深厚的用户基础、较为先进的技术实力，或具有雄厚的资本和丰富的市场运营经验，这都对电视新闻媒体的融合发展构成了挑战。

（四）供应商的议价能力

电视新闻媒体融合发展的供应商主要包括版权内容提供商以及网络服务提供商。在版权内容供给环节，潜在的内容提供商可能是视频网站、报业、广播媒体以及用户等，其议价能力与各自传输渠道的影响力休戚相关。当下的电视新闻媒体中，除中央电视台外其他的省台强弱分化，市场格局较为分散。这导致我国各电视新闻媒体在版权内容的议价方面处于劣势，恶性竞争现象层出不穷。电视新闻媒体推行融合发展战略将导致传播渠道再次扩充，高质量的版权内容将面临更为激烈的竞争，电视新闻媒体的议价能力将备受考验。在网络服务方面，广电网络仍然具有区域垄断性质，外地电视新闻媒体在信号落地方面的议价能力几近于无。随着三网融合进程的逐步推进，在音视频信号传输方面，电信网、互联网也逐渐进入（IPTV、互联网电视、网络电视台等业务），传输渠道相比之前有所增多，电视新闻媒体对于网络服务的议价能力将有所增强。

（五）购买者的议价能力

电视新闻媒体的主要购买者为用户和广告商。传统媒介时代，内容资源和渠道资源匮乏，电视新闻媒体借此占据着绝对垄断地位，可供受众和广告商选择的空间都不大，议价能力较弱。融媒体时代，信息传播渠道激增，内容资源也呈多元化发展之势，市场逐渐由"卖方市场"向"买方市场"转变，用户和广告商的选择空间更大，表现为：首先，通过互动传播方式，让用户在获得更丰富和更个性化信息的同时，还可让广告商实现精准营销，提升广告营销的效果；其次，信息传播渠道的增加让用户需求产生分化，广告商投放广告也可采取多媒介组合营销的方式进行宣传推广。综上，在融媒体时代，无论用户还是广告商的议价能力都大大提升。

四、电视新闻媒体融合发展环境的优化方向

从以上对电视新闻媒体融合发展的外部环境、内部环境和市场环境分析可知，电视新闻媒体的融合发展环境异常复杂，既充满了市场机遇，也存在诸多挑战。优化电视新闻媒体融合发展的环境对其至关重要，为此可从以下三个方面着手。

（一）宏观环境优化

宏观政策对电视新闻媒体融合发展的方向和路径起着重要的导向作用，因此高效的配套政策环境是电视新闻媒体融合发展不可或缺的因素。从当前电视新闻媒体融合发展的实际来看，我国宏观政策还可在以下方面进行优化。

第一，各媒介之间的业务还存在一些限制，以电视新闻媒体为代表的视听媒体与以报刊为代表的平面媒体存在明显的阻隔。融媒体时代，这些限制不利于媒体融合发展，应适当放宽行业管制，适度打破产业壁垒，促进各媒体之间相互渗透。

第二，电视新闻媒体具有事业单位属性，在媒体融资方面存在诸多限制，实现电视新闻媒体的融合发展势必会耗费大量资金，在上市以及社会资本引入方面无法与民营新媒体企业享受同等的权利。

例如，国家对国内外社会资本进入广电主体及传播平台实行严格管控，而新媒体多不受此限制，因此适当放开融资限制是今后需要考虑的问题之一，可

为此建立多元化的投融资机制，扩大资本进入领域，适当吸纳社会资本和外国资本。

第三，相关法律、法规尚不完善。相关方面对电视新闻媒体管理随意性大，这会制约电视新闻媒体的发展，应制定相应的法律、法规制约规范广播电视行业。

（二）体制机制优化

虽然部分电视新闻媒体已经实现企业化改制，但多数仍属于传统的事业单位，存在市场主体缺失、竞争机制僵化、经营模式落后、盈利模式单一等问题。推动电视新闻媒体的融合发展，需要打破目前僵化的体制机制，使电视新闻媒体成为真正市场行为主体，以适应日趋激烈的市场竞争。电视新闻媒体的体制机制优化可从以下方面着手。

1. 管理体制的创新

电视新闻媒体实行的是三位一体的管理体制，容易造成电视新闻媒体面临多头领导、经营考核目标不一致的局面，进而导致企业管理秩序混乱、效率低下，为此需明晰电视新闻媒体的事业板块以及产业板块。对于产业板块，是将诸如节目制作等资产从电视新闻媒体剥离出去，实行企业化改制，使之成为具有完全市场行为的主体，其管理模式应实现由行政化手段向市场化手段转变、由审批式管理向法制化管理转变。政府的职责应主要是对其进行监管，对日常的管理运营减少干预。

2. 经营体制的创新

融媒体时代，数字化、网络化以及三网融合技术的进步将对传统电视的产业格局产生深远的影响，传统电视新闻媒体的产业链（包括节目制作、播出传输、接收终端）将面临着重构的可能，其产业经营模式也会随之变迁。在制播层面，应强化与创新制播分离体制，有利于管理结构更倾向于现代产业体制。在盈利模式层面，依据国外发达国家的经验，综合信息平台运营模式（节目付费、内容付费）将处于主导地位，电视新闻媒体的收入渠道将趋向多元化。新业务类型的出现亟须市场运作和商业经营模式的革新，电视新闻媒体必须适应这种改变，在经营体制层面进行积极创新。

（三）内部管理流程优化

电视新闻媒体的融合发展势必会涉及多方利益主体，其传统的业务流程和组织架构无法适应融合发展的需要，业务流程和组织结构的重构不可避免。电视新闻媒体内部组织管理的水平可直接转化为其市场竞争力，以便于在融媒体时代抢占发展的制高点，进行内部管理流程优化。

第一，电视新闻媒体需要解决资源统一调配的问题。参与媒介融合的各行为主体均有着自身的利益诉求，这些利益诉求可能会有所冲突。电视新闻媒体需要在各行为主体之间达成平衡，为此需要构建一体化的组织结构。

第二，电视新闻媒体具有事业单位性质，而新媒体的市场属性则更为明显。电视新闻媒体实现融合发展，需要解决事业单位长久以来存在的"身份管理"问题，切实解决收入分配不公平、资源错配等问题，对原有的绩效管理机制进行改进。

第三，电视新闻媒体发展全媒体业务，亟须新媒体运营方面的人才，为此需在人才的引进和培养方面加快行动。

第三节　融媒体时代电视新闻发展的动力机制

虽然传统电视新闻媒体在融合发展过程中存在一些困境，但这如同任何创新性事物的发展过程一样，是不可避免的，而媒体融合依然是大势所趋，是业界在困境中依然积极探索的大势。既如此，媒体融合发展一定有其内在的动力机制。这个动力机制的构成要素与运作原理是一个复杂的体系。依照《辞海》的诠释，"动力"主要包含两层含义：本意是"使机械做功的各种作用力"；引申义是"比喻推动事业前进的力量"。"机制"原意是指机器的构造和工作原理，现引申为自然或社会现象的内部组织和运行变化的规律，是工作系统内部一种相互制约的关系。

综上可知，"动力机制"即指推动系统运动与发展的特殊制约关系。通过对电视新闻媒体融合发展的宏观环境、内部环境以及市场环境的梳理，可以大致勾勒出电视新闻媒体融合发展中的一些制约关系。接下来，基于系统学理论，结合对电视新闻媒体融合发展环境的分析，构建电视新闻媒体融合发展的动力机制模型。

一、电视新闻媒体融合发展的利益相关主体

电视新闻媒体融合发展动力机制存在的前提是相关利益主体的存在，正是因为他们之间特殊的制约关系，才使媒体融合具有了突破困境、向最终目标收敛的根本性基础。这种利益相关主体涉及政府、公众与市场，这也是由传媒的

多重属性决定的。

具体来说，国家利益需要媒体舆论场体现引导力，这关系到国家社会稳定；商业利益需要媒体在激烈的市场竞争中存活；公众利益需要媒体发出民众呼声，履行社会守望者的职责。

（一）从政府视角来看

首先，当今社会正在经历变迁，舆论生态环境发生了很大的变化。电视新闻媒体作为政府的喉舌，毫无疑问，巩固思想文化阵地、壮大主流思想舆论是当务之急。

其次，积极的、面向媒介融合的政府规制能创造良好的市场环境，会有助于媒介融合的顺利发展，是传媒市场利益的重要保障。

最后，借由媒介融合为公众创造的话语平台，国家可更大程度上把握公众诉求，为国家的政策制定提供依据。

（二）从市场视角来看

首先，电视新闻媒体寻求融合转型的一个重要目标是使自身能够适应新媒体时代的挑战，努力在新的信息传播格局中维持自身的产业地位和市场规模，保证其可持续发展与生存壮大。

其次，推动政府规制以及制度创新，可使电视新闻媒体真正具有市场主体身份，实现真正的公司化治理，以此才能抓住媒介融合的契机，建立可持续的商业发展模式。

最后，传媒市场利益与公众利益是休戚相关的。全媒体时代，电视新闻媒体需要加强行业自律，遵循"内容为王"的宗旨，融入互动传播的精神，以此吸引更多公众的关注，从而提升其影响力。

（三）从公众利益视角来看

首先，当前互联网的迅猛发展导致大众舆论场呈非理性、娱乐化、偏激化、两极化和抗争常态化的形态，并且严肃的精英舆论平台岌岌可危。在此情景之下，重新建设以高品质新闻业为核心的，以理性讨论严肃、重要问题为特征的公共舆论平台，就成为推动电视新闻媒体融合发展的另一个重要目标。

其次，融媒体时代的公众亟须更多的话语权，需要合理地表达自己的呼声。新媒体的快速发展带来了传播革命，电视新闻媒体寻求融合发展是契合受众需求的重要之举。

二、电视新闻媒体融合发展的动力系统

在系统论中，整体与部分的关系问题是核心问题，系统内的元素、系统结构以及系统环境决定着系统的功能，而系统要素之间的相互作用关系则构成了系统演化的根本动力。从系统论的视角来看，媒体融合系统是由各类媒介组织、媒体技术提供的产品或服务以及制度等子系统构成的集合，这些不同子系统间的相互作用构成了媒介融合系统演化的动力，因此媒介融合的过程是一个动态的演进过程。

笔者结合对电视新闻媒体融合发展环境的分析，基于电视新闻媒体融合发展的利益相关主体，将媒体融合的动力系统分解为引力子系统、推力子系统以及支持力子系统三大部分。三大系统相互作用，共同推进电视新闻媒体的融合发展。

（一）引力子系统

电视新闻媒体融合发展的引力子系统主要包括三个方面：市场需求（受众及广告商）、新媒体功能以及商业模式创新。

第一，融媒体时代，信息传播呈现出交互性、个性化、分众化的特点，受众的需求日趋多样化，以往电视新闻媒体单向式传播的层级式结构正遭受着严峻挑战。同时，电视新闻媒体传统的广告盈利模式也经受着来自互联网广告的冲击。市场需求是市场供给有效的前提条件，所以由受众需求、广告商需求构成的引力子系统是电视新闻媒体融合发展的内驱动力。

第二，除了受众需求、广告商需求之外，新媒体在信息发布、舆论传播以及社会动员方面所具有的功能优势也是吸引电视新闻媒体寻求融合的重要内驱动力。这是因为，电视新闻媒体作为传统主流媒体的代表，履行其舆论引导、社会监督以及文化传播等社会职责是应有之义。倘若电视新闻媒体能够充分利用新媒体在信息发布、舆论传播以及社会动员等方面的优势，加之自身所具备的公信力、权威性，可为抢占舆论引导的先机、打通新兴舆论场起到至关重要的作用。因此，新媒体自身所具备的功能也是电视新闻媒体融合发展的内驱动力。

第三，另一个重要的驱动力是商业模式创新。以三网融合为例，其未来一个极端重要的运用是成为智慧城市的基础，成为连通公众信息平台的介质。倘若没有这样可能的盈利前景，三网融合战略难以有效推动下去，那么媒体融合便缺乏技术基础。因此，商业模式能够在其中发挥价值创造和价值获取的功能，

商业模式创新不仅仅与技术相关，甚至有时会超越技术。全媒体时代，商业模式的创新有助于推动技术融合向媒介融合演化，甚至引致产业融合。

（二）推力子系统

推力子系统应包含两端：电视新闻媒体的利益诉求和其他参与融合的行为主体之间的利益诉求。其他参与融合的行为主体可能包括报业、广播、新媒体、电信运营商以及互联网运营商等。依据合作博弈的思想，各行为主体参与媒介融合的前提条件是：对于参与融合的各方，其整体收益应大于各成员单独经营时的总收益，并且存在具有帕累托改进性质的分配规则。因此，自利性是驱动各媒介融合行为的根本原因，也是电视新闻媒体融合发展的直接动力。

对于电视新闻媒体而言，其利益诉求包含经济及社会诉求两方面。经济利益诉求方面，第一，融媒体时代的电视新闻媒体正遭受新媒体的冲击，延伸其产业链、追求规模经济是应对激烈市场竞争的必然选择。第二，融媒体时代，信息技术和网络技术的发展使广播电视、报纸等产品之间的格式化差异较小，传媒产业实物资产（办公设备、场地要求等）的专用性不高，加之人力资本转换上面临的挑战并不大，各媒介对信息资源的获取和处理流程基本一致。因为传媒产业资产通用性程度较高的特点，从技术手段上说，融合发展并不会给电视新闻媒体带来障碍，只不过对精细化管理的要求更高。社会利益诉求方面，电视新闻媒体需继续扮演政府喉舌的角色，将其影响力延伸至新媒体领域，发挥新媒体在信息发布、舆论传播、社会动员等方面的优势，起到电视新闻媒体引领新兴舆论场的作用，这也是我国政府推动传统媒体与新媒体进行融合的战略目标之一。对于其他参与融合的行为主体，主要是借此完善产业链结构，进而实现利润增值。各类媒介之间的互补促进了电视新闻媒体的融合发展。

（三）支持力子系统

电视新闻媒体的融合发展离不开外部环境的影响，主要包括政治、经济、技术、社会四个方面，支持力子系统为电视新闻媒体的融合发展提供了系统的环境支持。其中，政策法规是各媒介参与融合时必须遵守的行为规范，是驱动媒介融合的关键力量。国家对传媒行业管制的适度放松，可以激励和扩展媒体技术和商业模式创新的市场边界。技术力量是电视新闻媒体融合发展得以实现的决定性力量，数字技术以及终端设备技术的快速发展，使媒体能向市场提供新的或加强型产品；经济力量是电视新闻媒体融合发展方向选择的参考依据，为电视新闻媒体融合发展提供物质基础以及市场条件；社会力量是电视新闻媒体在融合发展中不断实现创新突破、满足受众日趋个性化及分众化需求的基础条件。虽然我国已经推出了媒介融合发展的指导意见，但地方政府层面的政策支持相对较少。为此，地方政府可结合区域发展实际，针对媒介融合进行专题讨论，为实践的快速发展提供理论依据。此外，还可从政策上为媒介企业的重组提供支持，促进媒介集团化发展。

三、电视新闻媒体融合发展的动力机制模型构建

依据系统学理论，系统结构是系统动态变化过程的外在表现。电视新闻媒体融合发展的过程是动态演化的过程，对其产生影响的各个子系统之间相互依存、相互影响、相互作用。

在电视新闻媒体融合发展的动力机制模型中，引力子系统提出市场需求，是外源动力；推力子系统提供市场供给，是内源动力；支持力子系统为电视新闻媒体的融合发展提供理论支持和创新环境，是推动引力子系统与推力子系统进行匹配的有机力量。同时，引力子系统与推力子系统相互作用又会对支持力子系统形成反馈调节机制，从而推动支持力子系统进行动态调整。三大子系统相互影响、相互作用，共同构成了电视新闻媒体融合发展的根本动力。因此，在推动电视新闻媒体融合发展时，要统筹考虑其引力子系统、推力子系统以及支持力子系统之间的相互作用关系。

首先，电视新闻媒体和新媒体在确立融合发展目标，追求经济利益和社会收益时，会受到市场需求的影响。电视新闻媒体需要与市场需求紧密结合，做好市场需求调查与分析以确定细分市场。并且媒介产品的设计与运营要与细分市场受众的特点相吻合，注重用户交互与体验，注重平衡用户目标，商业目标和社会目标。在营销推广方面，也要与细分市场的受众特点紧密相连，综合利用多渠道的传播手段，实现精准营销，提高营销的效果。

其次，市场需求的形成，与电视新闻媒体在追求经济利益和社会收益时所表现出来的创造力息息相关。例如，电视新闻媒体创新性的提供一种服务（如将视频和购物场景相结合，让用户在看视频的同时实现网上购物），就有可能引领市场潮流，激发受众某些方面的需求。

最后，引力子系统与推力子系统只有产生化学反应、有机匹配，才能形成生产力。这就有赖于支持力子系统创造良好的环境，促使引力子系统孕育出行之有效的商业模式，并且引导供需双方进行匹配，从而使各利益主体实现共赢。同时，推力子系统也应不断地进行动态调整、自我提升。电视新闻媒体融合发展的动力机制，为电视新闻媒体融合发展模式的构建奠定了重要基础。

第四章　融媒体时代电视新闻的传播境况

　　网络的传播、发展催生了以新闻客户端、手机自媒体为代表的新媒体，随之在新闻传媒领域掀起了一场变革。在融媒体时代，电视新闻的传播效果正面临巨大的威胁与挑战，打造具有权威性的电视新闻传播模式，实现媒体资源整合对于电视新闻的发展至关重要。本章分为融媒体时代电视新闻节目的融合特征、融媒体时代电视新闻的传播现状分析、融媒体时代电视新闻传播面临的挑战三部分。主要内容包括：融合中的媒介生态、融合中的内容生产、融合中的受众特征、融合中的流程再造等方面。

第一节　融媒体时代电视新闻节目的融合特征

一、融合中的媒介生态多元整合

　　"三网融合"即语音（电话）、视频（有线电视）、数据（互联网）的三网融合。随着 IP 技术的发展，人们在 IP 网上就可以实现三网融合，它带来了媒介从内容到终端的全方位融合，由此改变了中国现有的视听媒体现状。麦克卢汉在 20 世纪初就曾预言"媒介即是人的延伸"，只要人需要，就会产生新的媒介，媒介之间的界限也不再清晰透明，都是"你中有我""我中有你"的融合状态，对此我们要保持好奇心和求知欲，看看在融媒体时代，我们的生活究竟会发生怎样翻天覆地的变化。

　　中国网民数量相当庞大，而且还在呈上升趋势。伴随着移动终端设备的不断涌现，互联网的概念已经不再单单局限于网页的范围。时下人们都有手机、ipad、电子书、智能手表等新设备，每一种移动终端即使传递着相同的信息，但是也会让"新受众"有着不同的消费体验。比如，以前我们对终端的认识局限于摆放在桌面上的台式电脑，后来发展为便携式的笔记本电脑，再到后来乔布斯让我们认识了 iPhone、iPad、iPad mini 等一系列的苹果家族成员。我们发现"有终端，但没有终点"，只要能满足人们的某种需求，媒介就会不断发展。

截至 2020 年 3 月底，我国网民规模达 9.04 亿，与 2018 年底相比，新增网民数量达 7508 万，互联网普及率为 64.5%，较 2018 年底提升 4.9 个百分点。人们越来越依赖手机这类的移动设备来阅读或者观看新闻节目，一方面因为方便快捷，另一方面是三网融合带来了电子终端产品的革新和整合，这其中就包括了电视、手机、电脑以及其他通信设备等终端的融合。三网融合还改变了传播的内容和渠道。融合后的新闻产品包含各种元素——文字、图片、音频、视频等。此外，新闻产品的投放渠道更为多样，不仅仅局限于先前的单介质传播，一条新闻稿件除了"跨介质"（广播、电视、网络、手机等）传播外，还"跨平台"（有线平台、无线平台、卫星平台）传播。同时，除了既有的有线渠道、网络渠道等还会有全新的渠道不断涌现。

随着科技的发展、智能手机的普及，手机的便携性越来越高、阅读界面也越来越舒适，设计更加人性化、多元化、个性化，再加上 5G 的网络，网速也越来越快，甚至有的公共场所实现 Wi-Fi 信号全覆盖。所以未来媒介的关注点应该是"移动性"，未来传媒的改革方向也应该是"移动性"。移动互联的时代，人们阅读新闻从先前的门户网站转移到移动客户端，随着微博、微信、新闻客户端的日益兴盛，人们开始不再追问新闻的出处，人们只认得手机上的一个又一个 APP……

正是因为受众更加倾向于方便快捷的"掌上电脑"——手机，所以很多传统媒体陆续推出手机 APP。比如，在手机上下载《看看新闻》的 APP 就可以满足收看电视新闻和网络视频的需求，它将传统的电视、报纸等媒体上的很多新闻内容进行整合播出，受众可以根据自己的喜好选择节目类型。

媒介的形态从古至今大概可以分成四大类：以报纸、杂志为代表的第一代平面媒体，这是一种以纸张为载体进行信息传播的方式；紧接着是以广播、电视、互联网为代表的第二代、第三代、第四代媒介形态；现如今，手机是第五代媒体。通过以上的分析可以发现：融媒体时代电视新闻的媒介特征就是由以前的专业独立性变成现如今的多元交互性，另一个特征就是新媒体形态的整合互动，满足了受众在不同时间、不同场所对媒体的需求。融合中的媒介就是打破界限，取长补短、互为补益、共同发展。

二、融合中内容的产生

第一，融合之后各种内容、各种形式的节目都可以在一个平台上运营。融媒体时代电视新闻的内容融合有两种趋势，一种是"独家性"的内容解析，另一种是"集成型"的内容整合。融合中的内容，观点将成为"主角"，这一观念渐渐地超越信息本身的地位。在融媒体时代，人人都是信息的传播者，大量的信息像洪水猛兽一般吞噬着我们，而观点的生产者或者称为意见领袖的观点就是信息洪水中的"堤坝"，他们用观点拦截信息、阐释信息，于是产生了这样一批"新受众"，他们从被动接受媒介提供的信息，转化成主动为媒介平台提供信息，开始消费新媒介。在很久以前，我们就开始听到"自媒体"这个名词，是说在科技高速发展的当下，人人都是媒体人，也许你并不是专业的媒体从业者，但随手拍的新闻或者一些好玩的视频段子，上传到网络上，就可以获得大批粉丝的关注和无数点击量，"受众"开始慢慢变成"用户"。

传统广电媒体的内容贡献者是专业的人，即 PGC，而现如今融媒体时代更多采用的模式是：PGC+UGC 也就是专业人士贡献内容加用户贡献内容。现如今，越来越多的内容来源于 UGC：微博、微信、BBS 论坛、视频分享网站、电子商务网站等。UGC 极大地调动了广大网民的积极性，使他们充分发挥个人的聪明才智，这也使网络发展呈现出大发展、大繁荣的景象，在新闻方面的内容生产也逐渐从专业人员采写演变成全民制造。

而智能手机的普及，也加快了全民成为记者的速度，只要用户有一个智能手机就可以将身边发生的事情第一时间记录下来，用手机拍摄照片、录制视频、编辑文字后一键发送，操作简单、迅速、便利。由于这种方式多以手机为主要传播载体，所以大大地降低了使用的门槛，也降低了媒体人的神秘感和专业度，全民制造新闻对于职业记者来说无疑是一个巨大的挑战。首先，来自用户贡献的 UGC 内容，扩充了先前的信源范围，在某种程度上消解了职业记者的地位和成就感。其次，这些 UGC 内容在新媒体渠道传播迅速且广泛，时常被传统媒体纳入第二天的新闻中。从这个意义上来说，UGC 内容反向设置着传统媒体的议程，这种变化对传统媒体产生了巨大的冲击力。

现在我们经常会在主流媒体的新闻节目中看到由市民拍摄的新闻片，虽然画质有些粗糙，拍摄不够专业，也没有所谓的镜头语言，但是却能够第一时间告诉公众发生的事情，之前我们一直强调记者要"在现场"，看到记者在第一现场拿着话筒把他看到的事讲给我们听，我们会觉得这就是事实，但是在融媒体环境下，用户会从他们的角度提供新闻素材，而传统的媒体记者还在讲述自己看到的那一部分，就会让公众觉得不完整、不全面，会进一步怀疑媒体的公信力。所以，融媒体的好处就在于可以充分地调动用户的积极性来贡献内容，全方位、多角度地还原突发事件的原貌。

第二，在内容报道方面，以《看看新闻》为例，在这档节目中，它与传统媒体在内容传播上还是存在很多不同的。融合中的新闻节目更加立体化、个性化，而且互动性很强，因为它实现了资源的整合，可以从不同的媒体平台搜集新闻信息，使新闻节目的内容更加全面。但是市场竞争如此激烈，只做信息的搜集者还不足以吸引受众，所以个性化就显得尤为重要。要对独家报道进行第一手的解析，原创性质的节目也在逐渐增多。在直播的过程中，受众可以即时发表自己的观点和看法，与节目嘉宾或者主播进行实时互动。

在视觉观赏方面，融媒体时代的电视新闻节目更加注重受众观看时的视觉美，利用二维、三维等空间以及虚拟演播室，增强了节目的可看性，而且一些具有一定专业知识的新闻专题可以用图文解说、动漫演示等形式展现出来，既起到知识普及的作用还表现出新闻节目的活力。

总的来说，融媒体时代的电视新闻节目呈现出的内容就是三个字"全""奇""活"。

三、融合中的受众

在传播学中，受众主要是指大众传播活动的受传者、大众传播媒介的使用者或者接触者。"受众"作为传播中的重要一环，决定着传播的效果。在了解融媒体时代电视新闻节目的受众前，有必要梳理一下三种主要的受众观。

第一种受众观是作为社会群体成员的受众。"大众社会论"认为受众是"一大群原子结构的、沙砾般的、分散的、无保护的个人，这些个人在大众传媒有计划、有组织的传播活动面前是被动的、缺乏抵抗力的"。这种观点被称为是"魔弹理论"或者"皮下注射论"，也就是被动接收信息的一群人，他们只能是"魔弹"的直击者。

第二种受众观是由传播学大师丹尼斯·麦奎尔提出的，他从市场的角度出发认为："受众可以定义为特定的媒体或信息所指向的、具有特定的社会经济侧面像的、潜在的消费者的集合体。"麦奎尔的理论是从市场的角度出发，把受众看作市场竞争下的产物，丰富和创新了传播受众理论，为后来学者研究探索大众传播的受众提供了经济学的理论支持。但由于受众在信息传播过程中并非仅仅是单一的信息消费群体，同时他们也具备信息传播的能力和权利，并对社会事务有着一定的参与度。传播受众与实体的物质受众在消费内容上有着本质的区别，所以并不能简单地从市场的角度对受众进行划分。

第三种受众观就是作为权利主体的受众。这种观点认为，受众作为参与社会公共事务的公众成员，在大众传播过程中具有传播权、知晓权、媒介接近权等基本权利。传播权是社会成员的基本权利，是受众自由表达言论的一种权利，也包括他们有权利用大众传播媒介来传播信息。知晓权是公民对国家的立法、司法和行政等共同权力机构所拥有的知情权利。媒介接近权是社会成员利用传播媒介阐释主张、发表言论以及开展各种社会和文化活动的权利。

随着时代的进步、科技的发展受众观也在发生翻天覆地的变化。从一开始被动接收到现如今主动传播，如今的受众不再是"魔弹"的直击对象，而是传播主体。

在融媒体时代又出现了第四种受众观，就是"受众"变"用户"的观念。在第三种受众观的基础上再进行个性化的剖析，我们会发现，当今的受众在高科技、快发展的时代背景下，具有多元性与分层性、复杂性与独立性、匿名性与流动性、不确定性与不可控性、趋同性和集体无意识性等几大特点。这一群体成了信息传播的主体，更关注媒介传播过程中的体验和服务。既渴望建立情感链接又希望受到个性化的对待。所以从前我们尊称的"读者、听众、观众、网民"等细分的受众概念将被一个全新的概念取代：用户。媒体未来面对的是一个个有多种媒介需求的"用户"，而不是先前一直提到的"受众"。从受众观念到用户观念的转变是媒体改变的第一步。

在《看看新闻》APP 中，专门有"用户中心"这个设置，这里是用户的个人私属空间，它为用户制定了个性化的服务。不同的受众群由于性别、年龄、学历、社会背景、兴趣爱好等因素的限制，每类人群喜欢的新闻节目也会不同，但是"浏览历史记录"就会记下你喜欢的节目类型，并把这类的节目首推给你，有一种专门为"你"打造专属新闻节目的感觉。

综上所述，融合中的用户特征主要包含三个方面：首先，渴望得到独特且方便易得的"体验"。其次，希望创建关系，建立情感的微链接。因为融媒体时代的受众已经不是传统媒体时代的"传、收"关系，它的分化更为精细，融合下的广电面对的不再是"模糊不清"的"受众群像"，而是一个个具体化的"个体用户"。这是一个分众的时代，用户由"细分"到"微分"，如一些手机 APP 的创立就是为了满足一些小众用户的需求，像音频发烧友等，从而获取利润。最后，体验更独特。随着 VR 技术在购物、旅游、游戏等各种领域的广泛应用，这种体验是全方位的，画面充满立体感又非常直观，以此削减虚拟的网络与现实之间的距离，为用户提供一种身临其境的感觉，充分调动用户的感官体验。

四、融合中的流程再造

20世纪90年代初期，美国兴起了一场管理变革的浪潮，核心观念是对组织的作业流程进行再思考和再设计，目标是在质量、成本、服务、速度上取得重大进步。

从组织结构上来说，传统媒体多为垂直结构。主要有三种模式：一是社务委员会领导下的社长负责制，其社务委员会通常由社长、总编辑等组成，是报社最高领导机构和决策机构；社长是报社的法人代表，社长和总编辑通常由一个人担任；在社务委员会下设立编辑委员会和经营管理委员会，总编辑负责报纸的编辑业务，总经理负责报纸的经营管理。二是社长领导下的总编辑、总经理分工合作制，社长是报社的法人代表，领导总编辑和总经理。三是董事会领导下的总经理负责制，这种形式多被报业集团、广电集团、出版发行集团等股份制集团等媒体企业广泛运用。

而融媒体时代的组织结构多为水平型结构，形成融合型、精细化、扁平化、专业化的管理结构，组织内部人员相互协调配合，将新闻内容通过不同的媒介渠道分发，既节约了生产成本也扩大了品牌影响力，还获得了较大的收益。

融媒体时代彻底改变了新闻的生产和消费模式，如果媒介机构想要脱颖而出，在主流媒体市场占有一席之地，就必须对先前的新闻生产流程进行全新的包装。

首先，融媒体时代要求媒体间解决生产和收集的问题。

其次，收集而来的新闻内容，需要经过一个"评估中心"，对新闻素材的来源和去向做出专业判断。还要解决新闻分发的问题，根据媒介特点的不同分发给符合该媒介特质的新闻，比如手机、纸媒、广播、电视、网络等多渠道建制，使同一内容不同形式的新闻产品能沿着各自既定的渠道运行，从而保证新闻产品多介质、全方位的传播。

最后，要解决新闻产品抵达用户后的反馈以及来自用户信息如何上浮的问题，比如，对于用户提出的问题要及时答复并解决，要将用户的互动信息及时呈现在新闻版面上，对于用户关注的新闻类型要及时推送，并且鼓励用户提供新闻内容等。

第二节 融媒体时代电视新闻的传播现状

一、传播者

电视新闻的传播者主要包括电视台等电视媒体，在互联网尚未涉足电视业之前，电视新闻的话语权体现为传播渠道的单一性（即电视新闻只能通过电视播放）、传播过程的单向性（电视新闻只能够单向传播给受众而不能收到受众的即时反馈）、信息生产的垄断性（电视新闻只能由电视业界生产）。

互联网问世以来，电视新闻的传播渠道拓宽，电视新闻可以在不同的媒体终端进行播放。此外，智能手机、ipad等智能移动媒体设备使信息传播具有交互性，并且人人都能够参与到视频类新闻的生产当中。交互式电视大致需要经历三个阶段的发展，分别是电子节目指南（EPG，能够根据个人喜好将电视节目排序）阶段、增强电视阶段（可以时移、点播及网络购物等）和全功能交互阶段（基本具备现代智能互联网电视技术的相关功能）。

互联网通信具有交互性，人人皆可借助智能手机、iPad等设备参与内容生产并进行互动。在传统电视时代，宣传和报道的话语权由电视媒体本身掌控，其传播过程是单向性的，即电视传递声像信息给受众。互联网和互联网通信工具普及后，媒体逐渐走向"个人化"，话语权分裂到个人，再分散到所有人，并且在一定程度上改变了受众与媒介工具之间的传播形态，从以电视机为主体的单向传播变为以受众为主体的互动传播。特别是网络社群出现以后，以"意见领袖"为中心的舆论导向群体和自媒体内容生产群体展开了与传统媒体的话语权争夺，在一定程度上瓜分了传统媒体的话语权。

电视新闻话语权的分裂体现在三方面，其一，电视新闻的播映渠道逐渐多元化，使"电视新闻"不再是单纯的电视产物，"电视新闻"不再能够作为一个固定的单元行使话语权。例如，在手机上也能观看电视新闻，则手机打破并瓜分了电视新闻的传播渠道。其二，智能移动媒体设备的信息交互特征使电视新闻面临即时性的舆论压力，各种网络论坛使电视新闻的播出受到用户的"监督"，新闻的解释权分裂向大众。其三，智能移动媒体设备可以完成新闻基本的采、编、制、播，手机用户可以制成各类新闻上传到互联网，电视新闻的生产权被新媒体用户分裂。

虽然电视新闻面临着传统电视业务话语权的分裂，但同时也在抓紧建构新的传播平台的话语权，各大电视台同样积极参与到互联网传播的建设当中，例如开辟多渠道传播、创办新的电视新闻节目形式及不同的节目风格、利用专业优势和政策优势树立权威等。

根据以上阐述，下面结合几个案例进行佐证。

传统电视业务面临冲击，新传播渠道不断搭建。我国在 1996 年出现过互联网电视，名为 Cyber TV，它不仅能够收看常规的电视节目，而且还能够接收电子邮件和搜索查询信息。2000 年，新加坡网络电视网开始试播，该平台可以提供来自 37 个国家、约 211 个电视频道的节目，观众可以在非同步对称数字用户线路（ADSL）或电缆调制解调器（CableModem）提供的有线电视网络环境下进行收看，这其中最关键的一点是 TV 信号被转化为 VGA 信号（模拟信号的电脑显示标准），这说明电视新闻节目可以在电脑端播放，"电视"不再单纯地指"电视机"或"电视机播放的节目"，传统电视业务面临互联网的考验。不过，电视台在互联网环境中不断拓宽自己的播放渠道，2000 年，中央电视台建立了自己的网络电视台并开始播放节目；2005 年，中央电视台正式向全国推出互联网电视服务，包括后来相继建成"央视新闻"品牌的媒体矩阵，其在各大互联网平台中都有着相当规模的影响力，电视新闻正不断加强自己在互联网传播渠道中的话语权。

受众监督效应形成，与新闻媒体形成合力。互联网提供了便捷的交流和讨论的平台，新闻的"暴露面积"比以往任何时代都要大，受众可以在互联网上发表自己对新闻的态度、看法，并有可能产生"意见领袖"推动新闻舆论的走向。所以，新闻媒体面临着一定程度的"失控"风险，而且新闻媒体实际上等于向互联网受众交出了一部分的新闻解读权，并赋予了其更加便捷化的监督权，电视新闻不得不采取更加谨慎的措施加以应对，例如，提供真实、客观、快速的新闻消息，提供合理的新闻解读和更多的解释性报道等，既要顺应受众需求，又要引导受众，树立信息权威性和公信力。

"全民记者"的新闻生产良莠不齐，新闻媒体依靠公信力提升话语权。互联网提供了信息交互的平台，各类图片、文字、视频、音频信息都能够在互联网传播，而且这些信息具有极快的流动速率，特别是微博、微信、抖音等新媒体软件的开发问世，使信息能够以更"吸睛"的形式进行传播，并能够产生较大的关注度。从新闻的视角来说，以前只有媒体单位有能力进行的新闻的采、编、制、播，现在只需一部智能手机就能完成。可以说，每一个智能手机用户就是一个新闻的生产者，他们随时可以通过拍照、摄像、录音等方式记录身边发生的事情，然而，新闻生产大众化也导致了"谣言"等不实信息的传播。

越是在复杂的信息环境中，受众越希望能够回归理性，新闻媒体要恪守信息的真实性原则，才能在"全民记者"的媒体环境中发挥优势，树立公信力，不断巩固自身的话语权。

二、传播内容

屏幕的作用就是在有限的时间（节目时长限制）与空间（屏幕视野）内，最大限度地展现其"外延内容"（节目本身所传达的信息），以达到传播的效果。屏幕已经从电视柜上走向了口袋和玻璃幕墙，随着更多新型智能通信终端的诞生，屏幕所在之处正在不断延伸，其价值体系也在不断拓展，来自各类文化、各类观念、各个平台和渠道的信息汇聚在一起，包罗万象，"屏幕形象"必将迈向多元化，在此趋势下，电视新闻也必将构建属于自己的屏幕形象。如今的屏幕是"互联"的，因此相比电视，人们更愿意将时间花费在便携、快捷的智能通信终端，电视新闻传播必然要与互联网发生碰撞、交融。

媒体通过电子屏幕来传播新闻时，观众即通过屏幕展现的文字、声音、图像等形式的信息来产生感官和情感的共鸣，形成一种"屏幕形象"及相应的"屏幕语言"认知。对于新闻媒体来说，所谓的"屏幕形象"其实正是媒体自身及其所生产的内容的整体形象，它受新闻媒体的自身定位及内容风格、节目质量的影响。

（一）开发"竖视频"

之所以强调"屏幕形象"，一方面原因是因为手机、ipad 等智能移动通信设备越来越普及，可以观看视频的"屏幕"已经无处不在，屏幕本身有着数量优势；另一方面，任何节目都要经过屏幕播出，节目自身的创作规律也应符合屏幕的传播条件和特征，不同型号、不同功能的智能移动通信设备种类繁多，其屏幕构造也不尽相同。例如我国标准 PAL 彩色电视制式的分辨率为 720×576 像素，呈现效果为横版视像；而一些 9:16 比例大小的竖版视频正是为了适应手机屏幕而诞生的。可以说，屏幕既是电视节目的展示窗口，又受到屏幕的制约，屏幕的比例、大小、清晰度，都在影响着其传播质量。

基于英国社会化视频营销机构（Unruly）的一项调查数据，大约有53%的调查对象表示把手机横过来看视频"很烦人"，有34%的调查者会将视频锁定到竖屏状态观看。另据MOVR《移动行业概述报告》和Unruly调查显示，手机用户大约有94%的时间处于竖屏状态，有52%用户锁定竖屏状态，为了满足不同终端的收视特征，许多媒体在手机端开发了竖视频，取得了较好的传播

效果。例如，《浙江新闻》客户端在 2019 年 1 月 3 日嫦娥四号落月当天发布了一条 46 秒的短视频《动画解析 |46 秒还原嫦娥四号奔月全过程》，用视频动画和文字解说的形式展现了嫦娥四号奔月过程，既富有知识性，更具趣味性，在全网获得了较高的关注度。

竖屏视频火爆的原因与用户对媒体终端的使用习惯有关，如今的手机大多采用竖状设计，这样的设计更加符合对手机的握持，竖视频在画面上更加贴合手机的握持状态，在使用和观感上比较方便。同理，电视机、PC、iPad 等产品为横屏设计，比较符合人眼的视野特征，在观感上相比竖屏更加舒适。

就新闻视频来说，横屏视频和竖屏视频皆有利弊，新闻媒体要按照视频播出终端来选择最佳的视频比例。一般来说，竖视频的时长较短，制作简单，但在单位时间内展现的信息容量较大，适合在手机等竖状移动媒体终端播出，视频所占内存空间较小，通常只有几兆大小，适合在网络平台快速传播，也比较符合用户碎片化的浏览时间和媒介使用习惯；横屏视频一般没有显著的时长特征，长短皆宜，适合在电视机、iPad 等横屏媒体终端播放，且适合播放时长较长的新闻节目或画质清晰、制作精良的纪录片。例如，中央电视台《新闻联播》栏目的主要播放渠道是电视，标准视频像素大小为 720×576（PAL 制式），为方便节目在其"两微一端"矩阵中传播，以《主播说联播》和各类新闻素材剪辑为"主阵地"的竖版短视频陆续上线，其画面比例一般为 9∶16（按清晰度可分为 540×960，720×1280，1080×1920 等像素大小）。

（二）根据不同播出平台搭配不同语言风格

信息爆炸、时间碎片化的时代，许多人无暇观看时长较长的电视新闻，从而选择观看可以快速刷看的短视频。电视新闻也相继建立起适应"互联网屏幕"的内容生产，包括建立官方公众号、微博、APP、网站等信息平台，使用篇幅较短、内容精简的文字、图片、视频作为其"周边产品"以增加用户黏性，值得注意的是，它的原创内容素材（尤其是新闻视频）多数来自其上游产品——电视新闻节目。

例如，中央电视新闻新媒体中心在 2019 年 7 月 29 日推出了《主播说联播》短视频栏目，在微信、微博、抖音、快手客户端（公众号）正式上线，它满足了受众碎片化的阅读习惯，在手机上可以快速了解《新闻联播》的主要内容。电视新闻节目可以根据不同的媒介传播特征和受众习惯进行二次创作，实现多屏互联和全平台传播。

电视新闻不光在融媒体平台大放异彩，其节目本身也在改变着"屏幕形象"。

2019 年 7 月 25 日，《新闻联播》节目播发了一篇名为《究竟谁在全球到处欺侮恫吓他人？》的国际锐评，不同于以往用词严谨的形象，《新闻联播》节目使用诸如"搅屎棍""怨妇心态""裸奔"等泼辣而又直接的词语，拉近了与受众的距离，充分彰显了在融媒体时代屏幕互联的影响下，节目内容和风格的相互借鉴、共融共生。凭借新鲜的语言风格，国际锐评、央视快评连上热搜，2019 年 8 月份《新闻联播》并机总收视率显示，15—24 岁年轻人群在 35 个中心城市并机总收视率明显提升，较 6 月份提升 26%，这也是近 20 年来中央电视台电视新闻收视率逆势增长幅度最大的一次。

截至 2020 年 2 月，"央视新闻"在抖音的粉丝数达到 6200 万、微博的粉丝数 1.06 亿，电视新闻依靠其权威性和政治影响力在社交媒体上获得了大量关注，可见传统电视新闻正在调整和改变其语言，以适应并参与新媒体的屏幕竞争。新媒体庞大的资源和舆论阵地日益展现出它的文化属性，在一定程度上引领了当今社会的文化潮流，当传统媒体与新媒体所生产的内容共存于屏幕，它们会互相取长补短来充实自己的语言体系。

三、传播渠道

"传播渠道也可称为传播信道、传播工具等，是传播内容的载体，是传播过程的基本要素之一，指传播者发送信息、受传者接收信息的途径和方法。"媒体技术活跃在媒介生产、运营和传播的全过程，可以说，技术驱动了工具进步，技术是话语的决定性力量，是满足受众需求的重要前提，也是媒介生态环境的重要组成部分。新的媒体技术的研发与应用、受众的使用与满足，这两者是否可以达到平衡、共生，决定着媒介生态的稳定发展。

技术犹如一只"看不见的手"，实实在在地影响着每一种停留于案头的创意和想象，最终能不能变为荧屏上的现实，进而真实有效地影响到电视机前的观众不得而知。融媒体时代的话语是由这个时代的技术决定的，媒体技术能够决定媒介内容，融媒体技术的核心就是提高人与人、人与机器的传播效率，当一种新的技术诞生时，势必会围绕着这种新的技术产生新的语言。

从传播方式的角度来说，以往的电视新闻融媒体改革相对浅显且不充分，自从有了新技术加持后，电视新闻已经进入到一个更深层次的融媒体阶段，它所强调的不仅仅是同质内容的分享和互动，还包括多个层面、不同领域的融汇和贯通，传统媒体应该以技术为支撑，创新开发内容，通过大数据、H5、动漫、VR、AR 等技术形式，推动传统媒体与互联网媒体中内容、渠道、平台、管理、创新等全方位的深度融合，实现价值互补、优势互补与协同一体化发展，让内容更加丰富、更加快速且广泛地传播给受众。

在近几年的融媒体建设中，电视新闻利用自身的媒体优势和技术优势，将各类资源进行融合，以提供更高效、更快捷的传播。例如，济南广播电视台（简称"济南广电"）在 2015 年成立了融媒体平台，构建了内容丰富、传播平台多元的运营体系，将当时的 150 平方米高清演播室进行整体改造，使播出系统的音视频数据相结合，实现图片、文字、音频、视频等数据的集成管理和及时访问，构建了"中央厨房"，打造多种媒体融通汇聚、资源共享的采编管理系统，实现了资源共享和信息统一调阅、检索、使用。2018 年 12 月，济南广电都市频道对济青高铁通车仪式进行了转播，首次利用其采编团队和新闻平台开发的《天下泉城》新闻客户端进行全程直播，此番尝试突破了许多限制，例如时间跨度更短、设备布控更加简便、直播过程灵活机动。同时，弹幕、评论等功能的加入，增强了直播的互动性。在这次直播中，记者进行多终端同步的全方位直播报道，全网流量达 170 万。

作为新闻媒体的"风向标"，央视新闻在近几年构建了较为完备的全景式报道媒体矩阵，不光有平台的广度，也有内容深度，不仅有独家探访和深度调查，而且也有连续性报道、幕后花絮、大众化视角新闻，既能报道宏大主题，又能与平民化视角相结合。中央电视台在 2017 年 2 月 19 日正式推出了央视新闻移动网，上线当日，全国 37 家省级、市级广播电视和其他媒体机构入驻了央视新闻移动网矩阵号，"它含有四个主要功能系统：记者视频回传系统（VGC）、移动直播系统（正直播）、账号矩阵系统（央视新闻矩阵号）、用户上传系统（UGC）"。2017 年两会期间，央视新闻移动网共进行了 144 场相关直播报道，直播总时长超过 7363 分钟，在央视新闻品牌矩阵中（包括央视新闻移动网，央视新闻微博、微信、客户端、今日头条）累计触达 4.6 亿人次，在线观看人数超过 2.25 亿人次。

利用 VGC 系统，记者在新闻现场可以用一部手机完成视频回传，与央视技术系统开发的新闻生产云平台连通，实现大小屏一体化媒资共享；记者上传的资料利用云技术进行储存，相当于一个"云资料库"，用户可以随时查阅资料库中的新闻；CDN（Content Delivery Network）内容分发网络可以将储存在云端的新闻内容分发为多种信号模式，可以转化为公用 WIFI、有线网络、移动通信网络，能够在网络电视、电脑、手机、iPad 等不同设备中查阅、播放新闻。

推动我国媒体发展格局的深刻变革与科技创新，要依靠电视新闻融媒体技术的发展。面对全媒体时代媒体融合发展的现状，中共中央政治局在 2019 年 1 月 25 日举行了第十二次集体学习会议，会议强调要推动媒体融合发展，要坚持一体化发展方向，通过流程优化、平台再造，实现各种媒介资源、生产要素有效整合，实现信息内容、技术应用、平台终端、管理手段共融互通，催化融合质变，放大一体效能，打造一批具有强大影响力、竞争力的新型主流媒体。目前，我国各大电视台建立自己的媒体公司，扩大与科技企业的合作范围，未来将会有更多融媒体技术进驻广电媒体，例如新闻采编系统（中央厨房）、数据中心和云平台、大数据等。

中央广播电视总台在中央批复的"三定"方案中共下设 25 个中心，其中有 3 个新媒体中心，分别为视听新媒体中心、新闻新媒体中心和融合发展中心。这一设计的主要原因是为了整改甚至关停影响力弱、陈旧老套、受众少的新媒体账号，扭转各台账号冗杂、管理不集中、账号之间发展水平不均衡的局面。2019 年 5 月 30 日，中央广播电视总台正式成立央视频融媒体发展有限公司，旨在进一步吸纳社会机构及优质内容创作者账号；2019 年 11 月 20 日，中央广播电视总台首个国家级"5G 新媒体平台"——"央视频"正式上线，它是首个基于 5G+4K/8K+AI 等新技术的视频社交媒体，致力于建设文艺、资讯、知识三大内容品类，主打短视频，兼顾长视频等内容形态。

电视新闻在融媒体技术的引领下，构建了多元化的传播渠道，相比于传统的媒体传播渠道，融媒体传播渠道最大的特点是创新性，利用现有的互联网技术平台，新闻媒体可以自由地根据自身需求构建新平台。

四、受众

受众在媒介中扮演着各种角色，他们有着不同的媒介需求，各大媒体运营商依靠技术建立了精准的受众分析系统和推送系统，可以更高效地服务、引领受众的媒介生活。例如，抖音短视频把人工智能技术大规模应用于信息分发，其个性化资讯推荐引擎能为用户推荐喜好的内容，它可以根据用户的操作指向进行智能演算，推测用户的兴趣导向，最终的计算结果被归类为几个经过预设的特定化标签，当用户再次打开软件时，将根据兴趣标签分发和推送内容，这样的人工智能算法能够增加用户黏性，使用户接触的讯息更加精准。抖音母公司旗下的其他应用软件产品也可以通过同样的算法机制将媒介内容精准投放，例如《今日头条》可以通过用户信息浏览数据进行演算，在新闻推送和讯息推荐功能中，"个性定制"生成相关页面。

根据受众使用媒介的目的、社交媒体互动程度、个人意志以及对待媒介的态度作为考量标准，将新媒体受众分为三种类型：信息搜寻型、被动接收型、视听娱乐型。其中，"信息搜寻型"受众接触媒介内容的频率最高；"被动接收型"的接收程度较低；"视听娱乐型"有着较高的内容创造力，"他们会经常接触媒介产品、了解媒介信息，更容易成为意见领袖，更能反映出网络社群的和舆论的态度，也会成为广告商投资的对象"。

此外，这三类群体有着群体数量的不同，其生活形态和对新闻的接受能力也有很大不同，"视听娱乐型"近60%，他们将移动媒介设备视为娱乐、放松心情的工具，获取新闻的途径大多是社交软件，群体成员以年轻人居多；"被动接收型"占20%左右，多数为老年群体，他们不善于用移动媒介设备和娱乐型APP来打发时间、进行网络社交，但对广播和电视有较大的依赖度；"信息搜寻型"占20%左右，大多为职场中年群体，这类群体比较重视移动媒介设备的功能性、实用性和效率，同时也是新闻信息的忠实受众。

受众在使用多种媒介时，自身在传播过程中具有主动性，会根据浏览的信息自主分配媒介关注时长，这些使用媒介进行信息浏览的时间序列，会构成受众的浏览经验。媒介使用的交替性，使媒介之间、媒介与受众之间的关系既紧密又疏离，既可能起到辅助彼此、增强媒体信息的传播效果，也可能导致信息过载、注意力分散，稀释信息的传播效果。值得注意的是，这样跳跃式的注意力转移，可能会产生碎片化的记忆，使信息内容不能被受众完全理解或"吸收"；受众越是喜爱的内容，相对应的记忆程度就越高，更能增强媒体的信息传播效果；反之，受众记忆程度越低，信息传播效果越弱。

媒介工具改变了受众的生活方式，受众对屏幕的选择不再是单向的，使用多个屏幕进行多任务操作、多功能视听已经成为常态。多屏满足了人们在不同场景下的媒介使用特性，最大化利用了时间碎片，无论身处何地，利用网络信号就可以实现互动交流。此外，多屏融合使电视新闻不再受制于电视机屏幕，它可以被越来越多的媒体设备承载，可以说，有"屏幕"的地方就有"电视新闻"。

关于"多屏互动"，学界有不同的解释。

一种观点认为："多屏互动是指传播内容能够在手机、电视、平板电脑、户外屏幕、数字屏幕等终端设备之间无缝连接和传播，并且能够在各个终端上很好的兼容，跨媒体、广覆盖地实现数字多媒体内容的传播和交互。"

另一种观点认为："多屏互动指的是基于DLNA、WIDI或闪联等协议，通过WIFI网络连接，将智能平台、智能应用、智能操控等全面整合，在不同媒体终端如手机、电视、电脑上进行多媒体（音频、视频、图片、数据等）内容的展示、控制、解析、传输、共享等，从而丰富多媒体生活的一种行为。"

多屏互动使受众获得形式和内容更为丰富的信息，其特点是可以相互辅助、连接，形成共时性和跨屏互动的媒介使用生态。多屏互动指的是受众为满足自身高效率、多功能和娱乐化的信息需求，使用影音共享和智能协同操控等媒介技术，在多种不同的媒体终端上进行实时收看、协同操作和互动的行为。

手机投屏、多端互发文件、用手机控制电视游戏，抑或是边看电视、边用手机聊天、玩 iPad……这些自成一体的单独的媒介可以经由无线网络或线缆连接、搭配互动，让媒介的消费模式变得多元。舒尔茨（Schultz）在 2005 年首先定义多屏互动（Simultaneous Media Usage，媒介共用）消费行为，多屏互动指的是"多种媒介的使用组合在不同的时间点上分布，且各个媒介存在于同一条时间序列，成为互补或者替代关系"，受众与不同媒介进行互动时，会下意识地思考媒介的功能背景，并根据自身需求自行分配各类媒介的使用时间。受众在多屏情境下产生片段化的注意力，将媒介提供的内容稀释；同时，多屏互动的协同作用也会使受众对媒介传播内容注意力的强度增加。

多屏互动使受众与媒体之间的关系变成双向互动和双向选择的关系，这使媒体发布的内容变得更加多元，媒介内容更加专业化和专门化。另外，受众可以根据自己的需求和喜好去选择媒体，媒体也可以根据用户标签和大数据技术描绘的受众画像选择受众，精准推送内容。

第三节　融媒体时代电视新闻传播面临的挑战

在媒体融合迅速发展的当下，电视新闻可谓是被推向了风口浪尖，机遇与挑战并存。面对以互联网为平台的新媒体，传统新闻传播的传播效果已经无法与具有传播交互性优势的新媒体相媲美，其盈利模式也受到了前所未有的冲击。电视新闻的传播策划面临着观念、技术、体制落后的局面，同时人才的流失与短缺使电视新闻传播策划在新渠道的打造与占领上也处于不利地位。

一、传播效果被削弱

中国电视新闻节目自诞生以来，就凭借对中国发展的大事件做记录式报道和实事求是的点评，以及调查式的民生新闻报道，获取了至高的话语权。虽然电视新闻节目作为官方传声筒，一方面具有很高权威性和公信力，但另一方面是高高在上的单方面发声。凡事都具有多面性，因此在单方面传播的过程中，受众不一定完全认可，但也极少能发出自己质疑的声音。融媒体时代的到来打破了这一局面，当初的受众也可以畅所欲言，自由畅通地表达自己对事物的观点，电视新闻在信息传播领域中的绝对话语权受到挑战，其传播效果受到极大削弱。

首先，一部分传统媒体已经转型为新媒体。比如东方早报推出了《澎湃新闻》客户端、原澎湃新闻 CEO 邱兵离职后创办短视频 APP《梨视频》、新京报推出了相应的客户端，这些视频 APP 都是传统媒体的转型之作，其中不乏像东方卫视新闻团队这样的电视新闻媒体。这类网络短视频新闻的崛起非常迅猛，凭借传统媒体的资源和生产方式上拥有巨大的优势，对电视新闻时效性和公信力造成了一定冲击。

其次，多元化的传播渠道必然会导致受众的分流，进而导致电视新闻节目收视率降低。因为受众无论是通过计算机、平板电脑，还是一部智能手机，都能轻易获取相同的视频信息资源，都可以轻轻松松获取当下的收视热点和感兴趣的新闻内容，电视新闻提供的信息不再具有垄断性和稀缺性，其传播效果自然大打折扣。加之，新闻传播的时空局限被打破，新闻传播更加广泛更加自由，民众参与度也更高。一条突发新闻发生后，现场的第一条"报道"往往来自网友的微博或者微信朋友圈，而不是由电视新闻和其他传统媒体发出。甚至在电视新闻进行了报道之后，关心事件发展的受众还会在第一时间进行跟踪报道。这样一来，不断参与到相同媒体的网友就通过网络和手机进入同一时空，相同的事件被大家一起传播和分享时，信息不断被交换。而这时如果电视新闻做出的报道明显延迟，不能为受众提供更多信息的话，新闻报道与受众期待就会形成明显的错位。网络作为开放空间，赋予了受众自由行使话语权的功能，引导受众不断对新媒体进行探索，发出属于自己的声音。

再次，传统电视新闻还有很多弊端，一方面时效性难以与新媒体抗衡，另一方面互动性不足。缺乏互动使受众感觉不被重视，相应的电视新闻也就受到了受众的疏离和冷落。在融媒体迅速发展的今天，电视新闻丧失了其优势地位，传播效果也被新媒体远远超出。另一方面，通过网络各个阶层的人，代表着不同的世界观和价值观的人都可以站出来表达观点，官方发布的信息也不再一定是唯一可靠的信息，正确的言论夹杂在多种信息中，导致民众对于芜杂信息的辨认度降低。官方发布的权威性日渐降低，民众对传统意义上官方发布质疑的声音也越来越多。

也应看到，传统电视新闻历来是党和国家的喉舌。融媒体时代，面对生存与舆论引导双重压力，电视新闻为了生存不得不在传播策划中生产一些迎合观众喜好的内容，与此同时受众能通过各种渠道发出各种不同声音，这难免会使电视新闻的舆论引导功能受到影响，甚至在宣传导向上与政策产生冲突。

最后，如果电视新闻采取多元化的传播方式，在某种程度上亦能增强传播效果，但往往也会形成"墙内开花墙外香"的尴尬局面。在2018年春节期间，中央电视台的新闻主播朱广权突然走进网友们的视野，成为"网红"，只因为他在春节播报新闻期间使用了一个段子回复观众发来的"电视台过年休不休息"的问题。之后被网友称为"央视主播段子手"的朱广权在播报一则冷空气预报时，再次讲起了段子，"你好，我是偏东路径的冷空气，最近挺想大家的，所以今天早上就迫不及待地从东北那边先进来了。一个没忍住，给吉林长春带来了今年入秋以来的首场降雪，虽然比往年稍晚了一些。未来几天我计划的行程是这样的：3号，我要冻哭东北内蒙古地区；4号冻懵新疆西藏地区，所以你们赶紧的，该加衣服加衣服，别等我来敲门啊"。这条新闻一经播出，就在微博上被转发上万次，这种活泼的新闻播报风格引来网友的频频点赞。这种新鲜、娱乐化和接地气的风格使严谨的新闻播报让观众眼前一亮，但也使电视新闻节目处于尴尬的境地，即娱乐化和严谨性该如何取得平衡，值得思考和探讨。

因此，如何在国家建设和发展与人民群众生活的方方面面中，策划并做好有价值和有参考意义的新闻报道，是电视新闻传播策划者必须面对和应对的挑战。

二、采编队伍素养偏低

新媒体的产生对我国电视新闻从业人员的创新能力提出了很大的挑战，不仅仅在于电视新闻个人在信息的筛选及把关方面的能力，同时也对从业人员的技术能力、与新媒体之间结合创新的能力等方面提出了挑战。一方面目前传统的电视新闻从业人员已经在从业过程中形成了一整套完整的制作流程和制作模式，想让他们迎合新媒体的发展打破原来的制作模式非常困难；另一方面目前电视新闻制作人员的素质也是参差不齐，在创新的道路上有可能会走很多的弯路，作为电视新闻的创新队伍，在新闻节目创新过程中应当抓住创新的关键和重点，认真分析哪些创新符合大众的口味和需求，同时又能够保证电视新闻节目的质量。

新媒体的产生和影响对电视新闻从业人员的素质提出了更高的要求，首先需要具备的就是专业化的技术和能力。在当前的媒体环境下，新闻从业人员已经不再仅仅是服务于电视媒体，还要为电视受众群体以及新媒体的受众群体同时提供不同类型的电视新闻内容。例如，同一个新闻事件对于电视新闻从业人员来说需要的是深度的分析和解读以及大量原始信息资料的收集；而对于网络和新媒体的受众群体而言需要的是有吸引力的标题以及内容。因此，作为新闻媒体的从业人员不仅要掌握专业化的技能，同时还要具备跨媒体进行新闻报道的能力。在熟悉目前电视新闻的文字、视频、图片等报道方式的同时，也要熟悉运用新媒体的网络技术和多媒体的设备，以满足新媒体电视新闻节目的制作需求。随着科学技术的进步以及新的传播设备的层出不穷，电视新闻的从业人员需要不断更新个人的知识体系，提升个人的技术能力，不断强化个人的业务能力。

在网络主导下的新媒体时代，庞大的信息量以及复杂的信息传播系统，虽然带来了丰富的信息资源，同时也导致大量虚假信息的产生，尤其是一些职业化的网络虚假新闻的传播人员，他们利用新媒体来实现某些私人目的，例如进行造谣和报复，进行虚假广告宣传等。作为新媒体的受众群体并非每个人都能够清晰和理性的辨别信息的真伪，尤其是在网络这样一个虚拟化的环境中，受众群体对个人意见的表达很容易受到外界环境的煽动和干扰，因此产生的所谓的民意带有强烈的主观感情色彩以及偏激性。因此，传统电视媒体的创新发展与新媒体的融合，对电视新闻的采编人员提出了更高的要求。

目前，有的电视新闻的信息是对网络上的信息内容做的深度报道，因此新闻采编人员需要保持强烈清醒的头脑，认真审查网络信息的真实性，从表面的信息中获得真正的民意，洞察人们发布信息的真正原因，从而辨别信息的真假，避免因为过分热衷于网络上的新鲜新闻信息，而被网络上的虚假新闻所迷惑，成为虚假民意的宣传帮凶。

三、观念陈旧、技术落后

电视新闻作为传统权威媒体，在相当长的时间内是受众获取信息的主要渠道，很多电视新闻从业者都形成了"媒体本位"的逻辑，"以我为主，我生产你收看"，而受众也大多停留在"播什么看什么"低限度的需求，这极大地阻碍了电视新闻的转型升级。然而在融媒体时代，电视新闻对信息的垄断优势已经不复存在，电视新闻从业人员也必须深刻反思"媒体本位"的传播逻辑，学习借鉴互联网用户中心开放分享的传播理念。换言之，电视新闻要想抓住此次机遇谋求更好的发展，必须创新思维，利用好"互联网＋"与电视媒体的融合，重视观众的信息需求偏好，唯有如此才能走出如今尴尬的境地。

除了观念上认知的不足以外，国内电视新闻传播策划面临的另外一个困境是技术的落后，传统电视新闻向融媒体转型是否成功的重要决定因素是技术条件。在媒介融合的基础上，利用新的媒介技术打造自有信息终端平台，纷纷推出各自专属的 APP，是很多电视新闻节目应对融媒体时代挑战的战略，但是现有大多数电视新闻的 APP 产品存在用户量少、用户活跃度低、用户体验差、影响力有限的问题。电视新闻节目的 APP 产品基本上是外包定制，换句话说就是委托专业软件开发商开发并由其维护，自己只需要填充内容，并没有相应的程序开发技术，以及操作人员去构建与维护平台。因为这些局限性，加之对用户体验和新闻类产品的投入力度不足，专属 APP 的水平还有待提高。

四、体制落后、人才缺失

我国不少传统媒体尚处于"事业属性、企业化运作"的框架下，稳健有余，但活力不足，难以适应互联网环境下融合发展需要。以"管理行政化"为例，体制的僵化和不适应与时代发展和媒介生态整体性背道而驰，区域化管理不具有系统性，在这种束缚下，整体性和互动性就大打折扣。虽然，近十年来，我国不断出台电视新闻相关管理政策，但要想使电视新闻得到长足的发展，迫切需要填补法律在该领域的空白。虽然近些年来，在制度支持上，我国也先后颁布并实施了广播电视行业相关的法律法规，但由于其长期的事业单位体制，往往集多种角色于一身，使相关的法律法规在执行时或多或少会受到政府部门或者当地利益的制约，直接导致了即使在具备相关法律法规的情况下，社会文化资源依然无法充分展现它的公平性和公正性。这种现象一方面与我国一直提倡的法制社会相背离，另一方面使广播电视行业无法形成良好的体制基础来借鉴国外新闻媒体的优点，难以获得较为长足的、有突破性的改革和发展。

在传统电视新闻改革的过程中，原有的人事结构和体制势必受到一定冲击。新语境下，电视新闻无论运营思维、话语形态还是采访方式都发生了新的变化，客观上对电视新闻传播策划人才提出了更高的要求，一方面要求其更新制作观念，另一方面要求其对于专业技术也要运用得游刃有余。可现实状况是电视新闻人才不足、人才流失严重，尤其缺乏高层次的传播策划人才，这严重制约着电视媒体制作的后续发展进而影响受众，导致电视新闻传播力和影响力受损。此外，优秀人才必须要有较高的薪资待遇与之匹配。由于传统电视新闻受到的冲击较大，商业资金的投入少，以新媒体为代表的互联网企业在工作环境以及薪资报酬方面都具有更大的优势。调查数据显示，传统媒体从业人员的月收入基本在万元以下，而与之相比，新媒体行业的平均薪酬要高出 15 到 20 个百分点，而在工作时间和工作强度方面，传统媒体从业人员几乎没有固定的休息日，且常规工作时长平均在 10 到 12 个小时，而新兴媒体和自媒体工作者工作时间相对自由，订单和项目制的工作方式使其在时间上能够自由分配，这些优势对拥有专业技术的人才更具有吸引力，许多在传统电视媒体的从业人员纷纷"跳槽"和"下海"，人员流失是传统电视新闻传播策划过程中不得不面对的一个严酷的现实因素。

五、与观众互动频率不高

一直以来我国的电视新闻节目所采取的都是单向的节目宣传方式，虽然在新媒体的影响下，新闻节目本身进行了一些创新，其中包含在电视节目播放过程中设置热线电话、短信平台，甚至电子邮箱的方式，但是实际上从观众的体验来分析，很少有观众能够通过热线和短信参与到节目当中来，甚至电视新闻节目也不会将观众的观点作为重点内容，长此以往，观众的意见成为电视新闻节目创新过程中的一个幌子和摆设，电视新闻仍然采取的是单向传播的模式。在进入新媒体时代之后，信息大量增加，信息的传播速度加快，新媒体具备较强的交互性，而电视新闻在公众的互动性和参与感上面始终原地踏步，没有很大的创新和进步，观众只能通过新媒体来满足个人参与新闻节目的需求。

当前，对大多数的电视新闻媒体从业人员而言，电视节目播放的安全性是摆在第一位的，从某种意义上说这也是传统媒体的核心竞争力之一。传统媒体对播放的节目稿件认真斟酌，对新闻内容严格把关，尤其是像中央电视台和各地的上星卫视频道，他们对电视新闻的画面质量、新闻的标题以及直播过程的流畅程度都有着严格的要求和监督检查体系，对新闻生产过程中各个环节都进行检查和考评，并且直接与从业人员的工资水平挂钩，这样的严格审查确保了电视新闻的生产品质，同时也成为传统电视新闻与新媒体最大的差别。但这对于媒体从业人员来说同样是一把双刃剑，因为新闻最讲究的就是时效性和丰富的信息量，当前的电视直播已经成为常见的播出方式。为了确保新闻内容不出现错误，最好的方法就是进行标准化的操作，对时事政治、专题和突发性的新闻事件都需要有一套标准化的处理流程，如采用怎样的标题，直播过程中记者和摄像机的位置等，这些都保障了电视新闻播出的质量，大大降低了出错的概率，但同时也成为电视新闻工作人员进行变革，与新媒体进行互动的重要障碍。因为在严格的标准化流程体系中，创新很难被认可，而且因为创新所带来的错误没有人能够买单，从业人员不愿意牺牲个人的利益换来电视媒体内部的改革。因此，电视节目在制作过程中需要频繁地进行把关，而观众在电视节目收看过程中的互动性评论同样需要进行严格的审核，如果不允许播放则提前沟通。因此，传统媒体在某些机制上的流程化和标准化，对从业人员创新能力和魄力造成了限制，甚至在新媒体产生之后他们也很难做出改变。

六、新渠道的占领与冲击

美国学者马克·波斯特在其著作《第二媒介时代》提出，"以互联网为代表的新媒介作为界限，大众传播可以划分为两个时代，即第一媒介以及第二媒介。第一媒介为传统的媒体传播方式，其为一种树立中心意识的单向传播方式，表现为由少数人主导，传播方式为一对多或者点对面"。以电视台为例，电视新闻输出平台就是电视台固有的栏目，每天定时定点播出，一旦不在固定时间收看，受众只能错过或者选择收看重播。第二媒介时代信息的传播载体以及模式历经了巨大改革，传播去中心化的特征越加明显，同时主体获得了解放，几乎人人都可以参与到点对点的双向沟通中。

融媒体时代属于第二媒介时代。电视新闻往往会选择立体化的传播方式，把内容同步到网站、微博、微信、客户端，甚至把一部分内容通过新媒体输出。这样一来，即使错过直播，受众一样可以通过多种渠道随时随地来获取需要的新闻信息。为了更好地宣传自制新闻节目，电视台往往走多样化之路，在电视屏幕中留出专门醒目的位置放置栏目的官方微博、微信二维码，受众可以通过微信以及微博即时扫码关注电视新闻节目的公众号，并通过公众号了解节目的信息动态。融媒体时代在真正意义上给电视新闻传播策划在传播方式的多样化选择上带来了便利。

除了外部新媒体渠道外，电视新闻节目也在拓展传播渠道上做出了积极探索。如近几年来，电视新闻节目纷纷推出了节目专属的手机客户端，在新闻播出的第一时间将内容在这些客户端上同步推送，通过不同的渠道推送传播相同的新闻内容。2016年，人民网研究院发布了中国媒体融合传播指数报告，电视台自有 APP 数量增多，排名前 30 位的电视台中创办率为 67%，根据十大安卓 APP 市场的数据显示，电视台 APP 的平均下载量超过 4285 万次，以湖南电视台 APP 下载总量以及中央电视台 APP 下载总量为例，其分别被下载超过 5 亿次以及 1.6 亿次。自办 APP 已经成为电视新闻内容传播的重要手段和渠道。例如，由湖南广电集团推出的芒果 TV 视频平台，以广播电视台的优质内容为基础，积极整合第三方内容，针对 PC、手机、电视等不同终端，为用户提供内容丰富、体验多样、多屏合一的视听服务，逐步发展到综合的"芒果 TV 生态平台""用户 + 内容 + 渠道 + 终端应用"的立体传播体系成功引入了亿级规模的用户群体。

另外，这些传统电视媒体推出的客户端，运行情况却参差不齐，呈现出严重两极分化的情形。尽管当前有很多电视台都开发了相应的软件平台，同时在微博、微信都有相关的账号以及公众号，看似已经在媒体融合上迈出了重要的一步，但在实际操作中却是把生产的电视新闻内容简单复制到这些新媒体上去，认为这样就做到了电视新闻与新媒体的融合，这种错把"捏合"当作"融合"的观念在很多传统电视新闻从业人员的工作方式上都能得到体现。融合不仅仅是简单的复制，而是在电视新闻传播策划之初，就应当合理安排报道内容的呈现，媒介不同则采取的形式不同，针对受众的特性推送不同的新闻。

七、创新方式存在局限性

在新媒体的影响下，我国当前的电视新闻的创新方式存在抄袭和跟风现象，如微博及微信的滥用，电视新闻播报期间主持人会直接截取一部分微博的信息和评论放到电视新闻节目当中来，以及通过微博的方式进行新闻话题的后续评论等。其次则是电视新闻访谈类和调查类的节目，在节目播放过程中加入一些专业人员的观点，在情节上朝着故事性的方向演化，利用情节的跌宕起伏来吸引观众的注意力等。这些电视节目在创新上的同质化以及单一性，必然导致电视新闻节目的重复性，但是在新媒体时代人们希望看到的是不同的电视新闻节目百花齐放的局面，每一个电视新闻节目都有着自身独特的创新方式，只有这样才不会因为与其他节目的同质性较强而被淘汰。

作为传统电视媒体的新闻制作人员，拥有丰富的信息资源，以及完善的设备设施，能够制作出高质量的新闻节目以及丰富的新闻报道。但是仅仅依赖于当前的丰富信息资源是远远不够的，对电视新闻与新媒体的融合与创新，尤其是对新媒体的运用需要积累大量忠实的客户，通过他们运用新媒体接受新闻的内容，同时与媒体之间产生丰富的互动，传统媒体才能够在激烈的竞争中获得胜利。

电视新闻创新方式受到限制最主要的原因是技术上的缺陷和不足，尤其是在新媒体不断发展的今天，技术创新已经成为电视新闻改革发展中的关键因素，电视新闻的生产包含了节目的制作、节目的播放、节目的传递以及接收四个不同的环节。从业内人员的角度进行分析，电视新闻与新媒体的结合和创新不仅仅是实现数字的转换，同时也是市场的巨大变革。近年来虽然电视新闻在技术上已经取得了很大的进步，但是与新媒体之间仍然存在着较大的差距。首先，新媒体的一个较大的优势就是信息来源的丰富性，对于目前传统电视新闻而言，虽然同样具有丰富的信息来源，但是无法做到及时地编辑和推送报道，同时无法在技术上突破时间和空间的限制，无法在任何时间和地点将最新产生的新闻内容传递给受众群体。

传统电视新闻的营运模式与新媒体融合过程中存在矛盾，当前为了更好地迎合年轻受众群体的需求，电视新闻正在走与新媒体进行融合的道路，但是融合过程中的运营模式成为发展的瓶颈。客户端的建立实现了传统媒体与新媒体之间的融合和一体化的发展,实现了多种媒体要素之间的相互融合。从客户端这一新媒体的角度进行分析,其核心的受众群体主要是年轻人,他们主要关注的是社会上最新鲜的新闻信息。因此,在节目的设计以及广告选择上面偏重于年轻人喜爱和欢迎的方式,如果能够选择年轻人喜爱的广告投放方式,一定能够带来更好的经济效益。对于客户端这一新媒体的受众群体而言,他们一般都是采用手机进行视频新闻的观看以及广告的收看的,这符合他们日常的生活习惯以及碎片化的信息接收方式。这种情况下他们对于硬性的广告有较大的排斥和反感心理,一旦广告推送过多影响了群体的阅读习惯,就会导致客户放弃该新闻客户端而选择其他的新闻媒体。而另外一个盈利模式则是采用订阅的方式,目前一些电视台新闻客户端的新闻内容所采取的是免费订阅的方式,未来有可能进入收费阶段,这对于年轻受众群体同样是一个较大的问题,一旦一些新闻节目步入收费阶段,那么年轻的观众是否仍然愿意继续进行新闻客户端的使用成为问题。在运营模式上面进行更好的创新,在符合年轻人接受习惯的基础上采取更好的盈利方式,才能实现整体的双赢以及长效发展。

八、创收下滑、盈利模式滞后

融媒体时代独具特色,人们可以随时随地浏览客户端新闻,创新了阅读方式,人们随时随地利用一部手机或平板电脑就可以阅读书籍、浏览网站和点播任何节目。电视新闻节目如何将传统的 PC 终端传播方式与移动终端的方式实现完美对接是一个值得深入研究的问题。如今,人们可以在移动终端上自由观看视频节目,但电视新闻节目的视频点击量却非常少,也使移动终端的使用仅仅成了电视新闻节目的点缀,虽然具备了随时随地观看及往期回顾等特点,但依然无法吸引受众,未能实现电视节目与新媒体相结合从而发挥其自身优势的愿景。那么导致新媒体与电视新闻媒体融合后却无法为其带来利润增长点和传播效益的主要原因在哪里呢?新媒体的发展如火如荼,互联网吸引了更多的关注与目光,这也使传统媒体的经济效益下滑,毕竟广告可以说是其主要的经济来源。

此外,新媒体资源量丰富,使用互联网的用户大多是 20 到 45 岁的主力消费人群,相较而言,电视新闻的收视群体却集中在 45 岁以上的人群。融媒体的迅猛发展使传统大众媒体遭遇"滑铁卢",发行量、播放量大幅下降,收益也随之缩水,广告商也更加青睐新媒体,数字广告也广泛投放于新媒体中。基于我国广告监测数据报告,2016 年的广告市场份额下滑,尤其是传统媒体广告投放不论从数量还是从金额上来看都下跌最多，达到六个百分点，较上年度减少了 210 亿元人民币，可以说是损失惨重。

2016 年央视频道广告投放收益增长约 3.5 个百分点，而较之于央视，省级电视频道都呈现下降之势。其中，城市台投放额和投放时长同比下滑幅度大，分别达到 19 个百分点和 15 个百分点。数据显示，我国地方级电视频道广告的投放收益大幅下跌。

新媒体的收入来源，一方面主要是靠访问量和点击率吸引广告主，另一方面靠提供网络增值服务和产品获利，比如各微博大 V 和微信公众号，都是在有了大量的关注量和点击率之后成为流量入口从而吸纳了广告投入，网易则是通过网络游戏产品，腾讯通过 QQ 来获取庞大用户群体，发行虚拟货币 Q 币，来获取巨大的收益。较之于传统电视媒体业，新媒体盈利方式灵活性高，收益也高。而电视媒体行业大多离不开政治文化属性，所以运作模式也较为单一，大部分采用产业手段实现资金流通。

近年来，我国的网络广告市场规模急剧扩张，2016 年与上年同期相比涨幅达到 39%，这数据来源于中国网络广告数据报告。此外，全国广播电视广告收入达到 1547.22 亿元，发展潜力巨大，其中，新媒体广告收入更是长势喜人，占其他广告收入的四分之一，成为广告收入中新的经济增长点。2016 年网络广告收入接近广电（电视＋广播）整体广告规模的 2 倍。新媒体广告业务迅猛的发展和广电广告之间的激烈竞争，瓜分着传统电视新闻节目的盈利资源，使电视新闻节目不得不在其运营模式和盈利模式上重新寻求突破口。

九、传统电视新闻节目的局限性

新媒体的发展使传统电视新闻的弊端日益显露，表现在以下几点：

（一）新闻不新

对于电视媒体来说，新闻节目的播出需要经历策划、采访、制作、审查、上传、播出等程序，时效性上大打折扣。时效性是新闻的生命力，而新闻发生的时间和播出的时间间隔太长，新闻就有可能变成旧闻。记者从现场采集回来的信息需要在编辑室中进行剪辑和编辑，往往错过了最好的播出时间。而新媒体却在发布时间上抢占先机，通过使用先进的技术设备，使新闻就地传播，通过微博、微信、网页向客户端及时传送，受众第一时间就可以接收到新闻。受众对新闻的要求是"新"和"快"的"快餐"式，而传统电视新闻更新不及时，因此电视新闻就会失去了一大批受众。

（二）互动性差

传统电视单一的线性传播使受众处于被动的位置，通常都是"我播你看"的形式。电视新闻在报道内容选择上很难做到与观众适时沟通交流，电视观众关心什么内容，喜欢哪些报道，电视传播者并不知道，自己单方面设定的报道议题，往往受众并没有兴趣。另一方面，在节目播出的过程中，传受双方信息阻隔，传播者不能及时收到受众对新闻内容及节目形式的意见反馈，所以节目缺乏互动性。随着互联网的发展，电视新闻的这一弱势表现得更加明显，比如，受众在网络中话语权的获得感增加，所以也要求同电视新闻节目进行互动，获得话语权，而传统电视的互动性差，满足不了受众话语权的表达。

（三）传播时空局限

电视新闻的传播借助卫星和有线两种传播方式，传播渠道少，所以，电视新闻的覆盖范围不足，这就影响了受众的接受度。由于电视新闻的传播方式，受众无法对节目播出的顺序进行选择，只能接受电视台安排的顺序，如果错过了时间就要看重播，这就给受众带来了很多的不便，受众只能在电视台的规定时间收看节目，且有线电视只能在固定的环境中观看，这就把受众局限在一定的范围内，受众对电视新闻节目顺序没有选择性，所以随着受众接收时间的碎片化和有限性，电视新闻节目的播出局限性使受众转向新媒体。

（四）缺乏个性化服务

传统电视媒体是为大众服务的，不能满足受众越来越精细的需求，受众无法按照自己的兴趣爱好进行点播，只能单一的收看。越来越单调的新闻播放，让受众越来越不感兴趣。随着互联网服务越来越多样化，受众更偏于从新媒体中寻找个性化的服务来满足收看的需求。

例如，手机"摇一摇""扫一扫"活动，甚至增加了红包发放的环节，增加了受众与节目的互动。可见个性化的服务已经成为电视新闻中不可缺少的元素。在这样的对比下，传统电视新闻显得索然无味，受众更愿意选择新媒体。

电视新闻面对这样的业态环境，面临的困境越来越多。由于一部分受众在流失，电视新闻的权威性势必受到挑战，其话语权在不断降低，所以传统电视新闻的影响力日渐衰微。电视新闻应该转变发展思路，走创新发展的道路，通过与"互联网+"融合，在技术、思维上引领电视新闻的发展，让电视新闻重赢受众，重夺话语权。

第五章　融媒体时代电视新闻的传播理念

　　科技的发展是带动电视新闻传播理念转变的重要因素。我国电视新闻的传播离不开新媒体的发展，但是在发展的过程中，新媒体环境下的电视新闻传播也存在着各种各样的问题。本章分为电视新闻传播理念的历史流变、融媒体时代电视新闻传播理念转变的不足、融媒体时代电视新闻传播理念转变的原则三部分。主要内容包括：由"传者本位"到"受众本位"、由"大众传播"到"分众传播"、重正面轻负面、重新闻轻评论等方面。

第一节　电视新闻传播理念的历史流变

一、由"传者本位"到"受众本位"

　　20世纪30年代，学者开始对媒介传播效果的理论进行研究，当时最流行的就是"魔弹论"，也被称为"皮下注射理论"，它是一种有关媒介具有强大效果的观点。它的核心内容是，"传播媒介拥有不可抵抗的强大力量，他们所传递的信息在接受者身上就像子弹击中身体，药剂注入皮肤一样，可以引起直接速效的反应"；它们不仅能够直接影响人们的态度和意见，甚至还能间接支配他们的行动。在这种理论的支配下，"传者本位"的概念应运而生。"传者本位"是指在信息传播过程中，大众传播媒介以传者为中心和出发点，根据传播者的需要和利益来决定传播的内容、方式和目的，在这个过程中，传播者是主动的，受众是被动的，传播者是中心，受众处于外围，传播者的利益远远要高于受众的真正需要。传播者随时都可以把"信息子弹"发射出去，不管是面对哪个方向，受众都会被准确击中，而且瞬间之内应声倒下，传播效果直接而明显。

以"魔弹论"为代表的这种"传者为中心"的理论，这种单向传播的理论，很快就暴露出了自身的缺陷，到 20 世纪 40 年代便迅速被宣传的实践所打破。大众传播媒介开始注意到受众的主动性和创造性，在新闻传播过程中，注重考虑受众的需求，以受众的兴趣和需要作为节目制作的出发点。

"传者本位"和"受众本位"都各具特点，各有其理论和实践意义，都依据一定的社会环境而生，也同时依据这样的环境而此消彼长，不过它们又是不可被对方取代的。传者和受众之间从来都不是绝对独立的，他们是磁铁的两极，既相互连接又不会融合，他们之间是互动共进的合作关系，应该是相互作用、相互制约的。大众媒介传播信息的整个过程都是围绕受众展开的，没有受众，大众媒介就不可能有传播市场，不可能有什么发展，在不违背职业道德和法律法规的前提下，传播者采集、制作和传播新闻信息都应该是以受众为出发点和落脚点的，目的就是希望能够获得受众的接受和认可。同时，受众接收的信息也是由传播者经过精心挑选、梳理以后，再通过大众媒介告知自己的。

从新闻的选择、制作、播出到传播来看，传播者始终处于这一过程的首端，任何传播活动都是由传播者先开始的，他们对新闻信息的内容、流量和流向以及受传者的反应起着重要的抉择和控制作用。不管是新闻学界还是新闻业界，抑或是平民老百姓，凡是对新闻有所了解的人士都比较清楚，新闻传播的活动无法避免地要受到传播主体立场和利益的影响，这也是直到目前都无法改变的事实，而受众也不是无所作为，作为信息的接收主体，完全可以根据自己的兴趣和需求对信息做出选择，并及时通过意见的反馈去影响媒介的信息传播。

二、由"大众传播"到"分众传播"

大众传播，1945 年 11 月在伦敦发表的联合国教科文宪章中首先使用了这个概念，是指专业化的媒介组织通过一定的传播媒介，对受众进行大规模的信息传播活动。

大众传播是一种以"点"对"面"的单向传播，报纸、广播、电视都属于大众传播媒体，它们所传递的信息都是面向大众的，但是它们几乎是得不到有关大众的一些很精确的反馈信息的，这样，就会造成这些大众媒介对受众需求的掌握不够准确，也就有可能会制作出不适合大众的新闻信息或传播形式。特别是电视媒体，作为大众媒体的领头羊，它的一举一动都牵动着整个大众传播媒介的神经，影响整个社会的正常运转。在人类社会传播领域中，电视媒体的"大众传播"长期占据着主导地位，并且还发挥着重要的作用，特别是它的新闻传播节目对人类社会的发展与进步起着巨大的推动作用。但是，随着社会技术的进步与发展，特别是号称"第四媒体"的互联网和号称"第五媒体"的手机的问世，打破了传统的大众媒体——报纸、广播、电视长期以来形成的传播格局，同时还夺走了数量甚为可观的电视观众和广告份额，"大众传播"的缺陷也日益明显。面对新媒体的一系列挑战，电视媒体只有考虑重新审视自我，并且尽最大的努力独辟蹊径、扬长避短，采用"分众传播"的理念，取代传统的"大众传播"理念，才能有更好的发展。

总之，当前的大众传播时代，无论从传播内容还是从传播方式上来看，都可以看到，它已进入了分众化的小众传播时代，它的传播对象开始以层、区来划分，并按照受众的兴趣、职业、爱好做进一步细分，这样是能够更好地、牢牢地抓住自己目标对象的最好的方法。中央电视台中文国际频道主要是向国外传播中国的新闻信息，还有专门的法语国际频道和西班牙语国际频道。

三、由"本土化"到"国际化"

所谓"本土化"的传播理念，简单地说，就是"依据中国国情，立足中国的社会现实，按照中国媒体自身的运行规律，遵循中国受众的接收习惯与实际需求，使组织、制作、传播等媒体行为具有中华民族的特色、气派、风格和口味"，具体包括本土化的内容、文化以及表达方式。

作为传统的大众传媒，电视在报道内容上，首先考虑的都是本土色彩，因为中国的电视媒体无论其传播的是新闻信息还是文化娱乐，肯定都先把本国观众作为最重要的目标受众群体，通过分析本国观众在年龄、性别、职业、兴趣等方面的特点，进而制作出符合他们要求和口味的新闻节目。另外，就是详细掌握中国观众的文化传统、文化特色，对每个地区、每个民族都作最深入的了解，特别是掌握他们在吃、穿、住、用、行上的区别，从他们自身的不同点出发，尽全力制作可以满足不同文化诉求的新闻节目。再一个就是关于表达方式的，同一个人在不同时间、不同地点会有不同的表达方式，不同的人在同一时间、同一地点也会出现不同的表达方式，所谓"见人说人话、见鬼说鬼话"或者是"仁者见仁，智者见智"，关于不同的表达方式也可以从语言、神态、动作等方面来考虑，中国的电视就曾一度制作和播出过不同语言的新闻类节目。简单点说，一直以来，中国的电视媒体在制作新闻节目之时，他所传播的内容与受众需求都是保持和谐的，因为这样，电视媒体才能实现这么多年的"有效传播"。

如今，中国的改革开放已走过了40多个年头，中国的各个领域在国际化的道路上也已走了很远的路。不仅中国的经济走出了国门，走向了世界，中国的文明、文化、思想、观念也在紧跟时代脚步、与时俱进，没有落在经济的后面。特别是文化层面，在日益开放的今天，外来文化以势不可当的趋势进入中国，包括外国的语言、外国的影视、外国的价值观等，这些外来文化一直在不断地丰富着中国的语言、中国的文化生活。不过这种融入，同时也在冲击着中国的文化，而中国的文化又非常依赖电视媒体的传播，特别是电视新闻担负着传播中国文化的重要职责，它也是把中国文化带入世界，让世界人民去了解中国文化的最主要、最权威的媒介形式。所以，在冲击面前传统的电视媒体必须要有清醒的认识，既"守土有责"，又不能"固步自封"。

传统电视媒体还必须清醒地认识到，电视新闻传播理念在开始时确实主要是"本土化"，之后在改革开放政策和加入WTO的影响下，这种理念有所转变，开始转向"国际化"。因为，"本土化"并不意味着与世隔绝，而是在保持自身特色与优势的基础上，睁大眼睛看世界，广采博取，高屋建瓴，这样才能为中国传媒业的发展提供更大的动力与更广阔的发展空间。

当然，转向"国际化"并不意味着完全放弃"本土化"，而是二者兼而有之，既不摆脱"本土化"，又要走向"国际化"，以"本土化"为基础，以"国际化"为目标，所以说，电视新闻传播理念应该是既不放弃"本土化"，又要坚持"国际化"，争取"本土化"与"国际化"的和谐发展。

四、由"播新闻"到"说新闻"

口播新闻是指主持人出镜播报新闻稿，没有现场图像，以声音、语言传递信息的报道形式。口播新闻播出的新闻稿通常是事先经过编辑加工处理的记者采写的新闻稿，通讯员来稿和选编的报纸、通讯社的新闻稿。它是由播音员口头播出的一种广播新闻形式，有时也由记者或主持人在话筒前直接播报。它也是一种单一运用有声语言的广播新闻表达形式，又称口语报道或文字报道。

通常来讲，口播新闻是播音员坐在播音室里，甚至是正襟危坐，面对摄像机的镜头，字正腔圆地播报新闻。此外，口播新闻包括录像播出和直播播出，不过，无论哪种形式，主持人口播新闻的时间一般都不会太长，也不宜过长。通常来讲，电视播音员在播报新闻时，每一次出镜的时间基本上都是控制在三分钟以内，这样会在有限的时间内，将主持人的注意力集中起来，以防止因为口播时间过长，而影响播音员的注意力，不仅如此，将时间控制在三分钟以内，这样可以有效防止观众由于过长时间的收听、收看而产生的不必要的审美疲劳。

然而，随着传媒业的迅猛发展，尤其是互联网和手机等新媒体的出现与冲击，现代社会已经成了"快餐社会"，人们越来越不适应死板和僵化的口播新闻的形式，人们更需要的是轻松、舒服的电视新闻播报形式。因此，电视媒体要认清现实，尽可能转变一下这种传统的播报方式与观念，目前来讲，电视媒体做得还是很到位的，也得到了广大观众的认可。

这种被广大观众认可的电视新闻播报方式就是"说新闻"。随着时间的推移，"说新闻"这种电视新闻播报方式已经慢慢地在电视领域扎下根来，甚至可以看到，就目前来说，它已经在电视新闻类节目中占据了颇为重要的位置，在很长一段时间内几乎没有被取代的可能。不难发现，现在越来越多的电视新闻栏目都朝着"说新闻"的方向定位自己，基本上都在努力摆脱原来那种传统的口播新闻的播报方式，这种播报新闻的理念和方式的转变，让电视新闻节目的改革取得了成效，从而得到电视观众的青睐，甚至还会争取到更大规模的电视观众。"说新闻"最成功、最典型、最具影响力的电视新闻节目就是1998年凤凰卫视陈鲁豫主持的《凤凰早班车》，主持人在演播间聊天一般地给观众播报新闻，而且是一种平等的交流，给人一种自然、亲切、舒服的感觉，也因此成了其他电视台争先恐后效仿的榜样和楷模，成为"说新闻"的经典之作。自此，以"说新闻"为主的新闻播报形式如雨后春笋般蔓延至内地大大小小的电视台。

五、由"单向传播"到"双向传播"

"单向传播"是指缺乏反馈或互动机制的传播，即信源发出的信息，经过传播渠道而抵达信宿的单向过程。在单向传播中，传播者与受传者只是单方面的"给予"和"接受"关系。

以往，在以报纸、广播、电视为主要代表的大众传播时代，电视新闻的传播基本上都是从传播者出发。传播者不仅是信息的"过滤器"，更是信息的"裁判员"，从挑选新闻到制作新闻再到播出新闻，几乎全部都是由传播者一方决定的，不管是通过有线还是无线抑或是卫星电视，都是以"点"对"面"的单向传播，观众的地位总是屈居于传播者之后。

这样的单向传播存在很大的弊端，就受众来说，他们被看成毫无反应的客体；而且电视媒体的这种单纯灌输式的传播，还有很多无法避免的缺憾，比如，观众必须严格按照电视新闻节目时间表的规定，按部就班地去收看，且还要饱受电视广告没完没了的骚扰。与此同时，受众根本就不能参与到信息的采集、分析、阐释和传播中来，观众需要的其实是更多的、参与性很强的"双向传播"栏目。

"双向传播"则是指存在着反馈和互动机制的传播活动。在双向传播过程中，传受双方相互交流和共享信息，保持着相互影响和相互作用的关系。随着基于互联网和手机的新媒体席卷全球，受众不再仅仅是单一的接受者，他们正在逐渐摆脱这种毫无反抗能力的被动局面，他们更多的是参与到整个传播的大环境中，发现新闻，也传播新闻，甚至有时候他们在网络上发布的消息往往还会成为新闻媒体重要的消息源。电视媒体受众的选择空间不断地增大，对信息的判断能力和反省能力也在不断地提高，对电视新闻节目的要求也就越来越高，甚至他们还想更多地参与进去。面对这样的地位转变，面对这样的现实环境，电视媒体必须积极应对。

当今社会，不仅仅处于大众传播时代，更是媒介化了的社会，在这种环境下，电视媒体正在逐渐转变传统的单向传播理念，制作观众可以参与的节目。观众可以通过现场的直接参与，成为"演播室观众"，在演播室内，可以跟主持人、嘉宾进行面对面的、亲切平等的交流。当然，观众还可以通过一种最方便、最有效的间接性参与形式——通过自己喜欢的主持人或嘉宾，来达到参与节目的目的。

第二节　融媒体时代电视新闻传播理念上的不足

一、重正面，轻负面

"坚持正面报道为主"的方针一直以来都是我国新闻工作的一项重要原则，但是，这也就导致我国电视新闻的积弊，遇到敏感的新闻事件，报道便不够深入。

目前，一些问题性、敏感性的新闻报道已经开始见诸电视新闻媒体，如中央电视台《东方时空》和《焦点访谈》的先后开播。

二、重新闻，轻评论

一直以来，在深度报道、深度评论上做得最好的都是纸媒，电视媒体只是在新闻报道的及时性和连续性上占据优势。然而，纸媒所代表的是人类传播的第三个阶段——印刷传播时代，而电视媒体代表的是人类传播的第四个阶段——电子传播时代。很明显，与纸媒相比，电视媒体属于新兴媒体，在电视媒体迅猛发展的今天，它已摆脱过去每天只能播出几个小时，甚至每周二休息、停播一天的窘境，在全天候 24 小时滚动播出的时段里，不仅应该重视实时新闻的报道，而且还应该进行及时的点评，甚至开播大量的新闻评论节目。中央电视台的《新闻 1+1》和《环球视线》分别作为国内新闻评论和国际新闻评论的代表栏目，在行业内的口碑很高，也是观众所喜欢和期待的。

三、重宣传，轻舆论

宣传是一种专门服务特定议题的信息表现手法，现在最常被放在政治脉络（环境）中使用，特别是指政府或政治团体支持的运作。大众传播媒介是现代最有效的宣传工具，电视媒体作为信息传播较快的媒介，特别是电视新闻的传播将在很大程度上影响着人们的思想和行为。

新闻是宣传的一种重要形式。宣传者利用对新近发生的事实的报道，阐述一定的观点和主张，以达到吸引和争取受众的目的。中国的电视新闻是党和人民的"耳目""喉舌"，代表的是无产阶级和广大人民群众的利益，一直以来都很注重对国家方针、政策的宣传，让受众了解这些方针、政策是基础，令受众践行是更大的目标。但是一味地宣传可能造成受众的接收疲劳，反而适得其反，得不偿失。

电视媒体除了重视宣传作用以外，更应该重视舆论的导向作用。

舆论是在特定的时间和空间里，公众对特定的社会公共事务公开表达的、基本一致的意见或态度。舆论导向，又称舆论引导，是一种运用舆论影响人们的意识，引导人们的意向，使他们按照社会管理者制定的路线、方针、规章从事社会活动的传播行为。

一般来讲，舆论导向包括三方面内容：对当前社会舆论的评价；对当前社会舆论及舆论行为的引导；就某一社会事实制造舆论。当然，在这里，我们所要阐述的舆论指的是正向舆论，它必须按照党性原则、正面引导原则、真实性原则、分流原则和有度原则的规定来进行引导，电视新闻的传播只有坚持正确舆论导向才能对社会发展起到推动和促进作用。

如今，如果有什么重大新闻出现，似乎传播最早和最快的都是互联网和以手机为代表的新媒体，那么作为传统媒体的代表——电视媒体在传播这些新闻时就应该另辟蹊径，以区别于其他媒体的全新角度来解读，这样，电视媒体就会有明显的受众市场。受众对电视传播的舆论还是有很高的信任度的，特别是在重大突发性、灾难性事件发生时，电视媒体在实况直播中传播新闻的优势就会被凸现出来。

所以说，电视媒体在应对互联网和以手机为代表的新媒体的挑战时，必须要一改往日重宣传、轻舆论的传播理念，既要继续把握好宣传在社会中的作用，更要审时度势，与时俱进，以受众的需要为前提，更加注重新闻传播的舆论导向作用。

四、重国内，轻国际

新闻报道是国际传播舞台上的重头戏，在国际传播领域扮演着重要角色。信息全球化时代，新闻传播已经成为各国相争的主战场，但传播成本的降低、传播技术的改进等，都给予发展中国家更多的渠道和机会来发出自己的声音。

时下，全球性媒体——互联网和以手机为代表的新媒体的出现及迅速普及，带给传统媒体巨大的挑战。新媒体抢占传统媒体的市场、受众，在传统媒体中占据核心地位的电视媒体，承受着空前的行业压力。互联网和以手机为代表的新媒体属于全球性的媒体，每天都在报道世界上发生的，甚至是正在发生的新闻事件，电视媒体必须要转变自己一贯的国际新闻偏少报道、偏少评论的理念，改变国际化不充分、国际新闻欠缺、国际视野局限的现状，注重加大对国际新闻的传播量和评论力度。另外，电视媒体的新闻传播还应该加强对海外新闻的针对性和包容性。

国际新闻按其内涵分为狭义和广义两种。广义的国际新闻通常是指以国家、民族为主体而进行的跨文化信息交流与沟通，主要体现在两个方面：一方面是把本国以外发生的重要事件或其他事实变动传达给本国的受众，另一方面是把有关本国政治、经济、文化、社会等方方面面的事实变动传达给国际社会。

狭义的国际新闻指的是相对于传统意义上的国内新闻而言的国际新闻，主要是把本国以外发生的重要事件或其他事实变动，以及本国与本国以外其他地方发生的具有密切联系的事实变动准确地传达给本国受众的新闻。狭义的国际新闻虽然不具备为本国或本民族在国际上建立"形象"的属性，但却能够反映报道者的国家或民族视角、意图和新闻价值取向。

不管是广义的国际新闻，还是狭义的国际新闻，都应该成为电视媒体所传播的对象，这样，不仅可以让世界了解中国，更便于世界读懂中国。

第三节　融媒体时代电视新闻传播理念转变的原则

21 世纪，是中国进一步融入国际大家庭的新世纪，是中国努力成为国际社会有影响和负责任的成员的新世纪。中国电视新闻事业作为当代中国的第一新闻事业，应积极地与国际通行的新闻传播原则及其高效益的运作方式接轨，反映国人对社会和自然环境的监测与对自身生存状态的关注。

一、真实性原则

真实是新闻的生命，没有真实的新闻是"无本之木""无源之水"。尽管关于新闻真实性的话题是老生常谈，但是，只要有传播媒介的存在，只要有新闻信息的发生，关于新闻真实性的问题就永远存在。

新闻真实性指的是在新闻报道中的每一个具体事实必须合乎客观实际，即表现在新闻报道中的时间、地点、人物、事情、原因和经过都经得起核对和检验。

电视新闻传播中涉及的各项信息都必须保证真实，这是在报道新闻事实的过程中必须要强调和遵循的一项基本原则。

这种原则是建立在新闻的大范畴之中的，并有自身的适应性，即对采访所取得的所有素材，在写作和传播过程中，有一系列的要求，包括思考、提炼、整理、列提纲、动笔、写草稿、改稿，斟酌用字、用词、用句、分段，引用证据、编制题目等，都要把握好新闻的真实性，以防止电视媒体所传播的新闻出现不够具体、议论感慨颇多、语言含糊笼统、文字语病较多等问题。

二、客观性原则

新闻客观性是新闻学久远的命题之一，其基本思想是对事实进行准确的报道，禁止在报道中直接、公开地带有撰稿人的主观倾向。报道内容必须准确无误，绝不能合理想象、任意夸张。

新闻客观性一直是新闻界的一个重要法则，有人称之为"不死之神"，按照一些学者的说法，这是一个知之不难，但行之维艰的理论。

新闻客观性是学界极为关注的理论，同时又深受业界推崇，其重要性和价值的一个最突出的体现就是，没有一个新闻媒体敢公开宣称自己的报道完全放弃了这一原则。不管是作为一个标签、一种策略，还是一个理想、一种理念，"客观性"自诞生之日起至今，始终魅力不减。在互联网和以手机为代表的新媒体出现以后，这一原则似乎显得更加重要了。

仅就电视媒体来说，坚持新闻的客观性原则是电视媒体做好新闻和做出好新闻的基本前提；对互联网和以手机为代表的新媒体而言，电视新闻的客观性原则也尤为重要。只有电视媒体在传播新闻时坚持了客观性，做出了值得观众信赖的好节目，才有底气通过这些新媒体进行节目的宣传与传播。

三、"喉舌"性原则

新闻媒体是政府和人民的"耳目""喉舌"，承担着"代言人"的职责，它代表党和政府发声，代表人民的利益进行新闻的制作和传播。新闻媒介是社会的公器，是受众了解社会和世界环境的最重要、最便捷、最直接的渠道。特别是当代电视新闻媒介，不仅在时刻监视着人类社会及其所处的自然环境，而且还始终关注着自身的生存状态。另外，电视媒体在传播新闻的过程中，还一直在普及广大受众关注的科教文卫方面的知识，践行了对公民知晓权和参与权的维护。因此在当今新形势下，电视媒体要坚持为社会整体利益和公共利益服务的宗旨，反对公器私用，反对商业团体、社会上的小集团和个人利用新闻谋私。

四、法制化原则

建设社会主义法治国家，一直是中国政府坚持的发展方向，任何一种行业，都必须在法制化的轨道上行走。作为传统新闻媒体的代表——电视媒体，不仅始终要在新闻制播上养成依法制作新闻和依法传播新闻的良好习惯，切实做到新闻行业的"有法必依"，而且在对所要传播的新闻的处理上也要符合国家的法制要求，保证必须在法律、法令、政令允许的范围内开展新闻业务和经营活动，维护国家整体利益。另外还需要充分尊重公民个人的基本权益，并虚心接受社会和公众的监督与批评。

五、国际化原则

互联网的出现和迅速发展，使麦克卢汉预言中的"地球村"很快实现，特别是以手机为代表的新媒体新一轮"催化剂"的作用，导致目前整个世界的人们就像是围坐在一起，共同收看传统媒体和新媒体带来的形式各样的节目。所以，在国情和社会环境允许的情况下，电视媒体一定要积极与国际通行的新闻传播方式接轨，认真学习国外同行的先进经验，避免低水准、低层次的重复摸索，一定要改变原来"轻国际"的传播理念，必须要以国际化的眼界来制作能够满足世界上各种肤色、各种语言、各种生活习惯的人群需求的新闻产品。

六、有效传播原则

在以互联网和手机为代表的新媒体冲击下的传播竞争时代，电视媒体如果要实现有效传播，当然这也是电视媒体传播的最终目的——传播有效，那么，上面提到过的真实、客观、"喉舌"、法制、国际化原则是首先必须要遵守的，只有遵守原则，才有资格谈有效传播。

不仅如此，在电视新闻的传播过程中，还有一个关键注意事项，就是掌握好"传者本位"与"受众本位"的主次程度。就目前电视媒介的发展阶段来说，"受众本位"是电视媒体在传播新闻信息时最应该首先考虑的，其中包括整合传播内容、配置新闻资源、坚持正确的新闻取向与尊重观众、尊重收视率和尊重传播市场，并把这些有机结合起来。

首先，任何媒体的最远大目标都是利益的最大化，当然，这里所说的利益除了经济利益之外，更多指的还是社会效益。中国的电视媒体绝大多数都是国营媒体，它是国家、政府、公民的话语输出平台，它要想实现最大范围的传播，关键在于整个电视媒体的电视台定位、频道定位和栏目定位，而这些定位的初衷还是以"受众"为中心的。因为不管是国家定位还是政府定位，他们都是为人民服务的，所以说，任何电视台的频道宗旨和基本定位，最终都是落在了受众身上。这也是电视媒体实现利益最大化的最基本、最重要的前提和基础。

其次，掌握好新闻信息的重要程度是电视媒体传播新闻时需要慎重考虑的因素。一般来讲，从时间上来看，突发新闻要比普通新闻更需要及时准确的传播；从空间上看，动态新闻要比静态新闻更能抓住观众的眼球。同时，还要把握住分时段受众的收视需求，科学划分时段，配置相应的新闻和节目资源。抓住"整点""正点"的作用，整点新闻必须有，正点新闻必须做。

第六章 融媒体时代电视新闻的传播策略

随着互联网的迅速发展和普及，新媒体成了人们获取信息的重要途径，电视新闻传播受到了前所未有的挑战，如何在融媒体时代，继续巩固电视新闻的地位，成了当前必须要解决的问题。本章分为融媒体时代电视新闻的传播路径策略、融媒体时代电视新闻传播的话语策略、融媒体时代电视新闻的发展趋势三部分。主要内容包括：依托互联网提升时效性、电视新闻自身优势强化、搭建融媒体矩阵和互动平台等方面。

第一节 融媒体时代电视新闻的传播路径策略

目前，我国民用电视的类型主要分为有线电视和互联网电视两种，它们在数量上占绝大多数。其中，有线电视是我国当前覆盖面最广、普及程度最高的电视类型，它具有丰富的频道数量、最为稳定的电视信号和清晰的画质，有线电视有着广泛的应用基础和成熟的传播技术，因此它有着与互联网电视接轨的现实基础；互联网电视是未来趋势，它具有交互功能，可以收看海量的影视资源，同时具有实现多屏联动的功能与提供更多方便快捷的收视功能。在此列举这两种类型电视的特点与区别。

首先，传播的技术方式不同。有线电视采用闭路方式传输，以同轴光缆为传输载体，直接向用户传送电视信号。互联网电视则基于网络带宽或数字光缆，通过多种屏幕传播视频节目。

其次，传播的质量和效果不同。有线电视采用闭路传输，受自然环境和电波干扰的影响较小，无须单独架设电视信号接收设备且信号稳定，能够有效传输上百套节目。互联网电视传播建立在带宽技术基础之上，与我们所接触的移动网络通信设备一样，它在理论上能够收看无限的电视节目和影视资源，在网络条件允许的情况下，它同样能够传输高清且稳定的节目。添置互联网电视，只需在原有电视和家庭带宽的基础上添置机顶盒即可，其成本十分低廉。

最后，传播的时间和空间范围有差异。现今，有线电视的信号基本覆盖我国城乡，在建筑、交通、通信密集的城镇地区，有线电视信号能够有效克服这些障碍，保持稳定，但不具备时移功能。互联网电视在传统电视的基础上诞生，在理论上具有全球范围的传播空间和时间，它具备储存和时移功能，但其信号受到网络条件影响，不如有线电视信号稳定。

比较两种电视类型，互联网电视相对来讲具有明显优势，它代表着我国电视未来的发展趋势。虽然当今的互联网电视在融媒体发展的过程中仍面临许多障碍，但相比其诸多优势来说，它仍然有巨大的发展空间和技术探索的动力。最重要的是，互联网电视改变了传统电视收视的时空特征，将收视行为从被动转化为主动，通过融媒体技术、大数据、5G 网络、高清显示技术等科技元素的加持，互联网电视正在快速实现电视及其节目内容的无处不在。融媒体对电视新闻来说既是挑战又是机遇，各大电视台纷纷制定了积极的应对策略，为了达到收视目的，电视台一方面加入融媒体构建的洪流之中，另一方面其自身也不断强化收视内容。

一、依托互联网提升时效性

（一）依靠设备和技术

直到现在，SNG 卫星转播车依然活跃在新闻现场，但是在融媒体环境下，它的作用越来越有限，最重要的一点是其机动性不足，融媒体环境对电视新闻的时效性提出了更高的要求，许多媒体已经开始使用"5G+4K"的指标衡量新闻时效和画面质量。2020 年是 5G 商用元年，目前，在国内的一些地区已经可以使用 5G 网络，在一些具备良好网络条件的新闻现场，记者可以使用手机和传输设备组成的采制系统将新闻画面传送回电视台，即使手机拍摄的画面质量不如专业摄影设备，但其具有明显的时效价值。

2019 年 3 月 1 日，央视新闻新媒体首次使用"5G+4K"的拍摄传输方式进行移动直播，该设备由一台 4K 摄像机（提供清晰专业的画质）、视频转换盒（视频即时转换为直播信号）、5G 手机组成（提供稳定高效的网络传输信号），无论是清晰度、网络传输效率还是便携性，都实现了大幅的跨越。

（二）适当使用网络素材

为了实现更加快捷的新闻生产，电视新闻也在采用网络素材。网络上的一些热门话题，都有可能被电视新闻当作素材，甚至逐渐形成了网络负责"爆料"、记者负责采访加跟进的新闻产制流程。

由此可见，网络消息为电视新闻提供了一定程度上的便利，网友似乎成了公民记者，职业记者无法在第一时间获知的新闻线索或新闻画面，网友却能帮助提供，这对电视新闻来说亦是一种机遇，一方面，网络素材扩大了新闻线索的曝光度，能够帮助记者获取更多的新闻素材；另一方面，一些新闻线索真假难辨，缺乏深度，电视新闻亦能在信息海洋中，通过专业的记者团队进行调研，还原真相，树立权威性和公信力，塑造并引导健康的舆论环境。不过，大量使用网络素材也会导致新闻节目内容同质化现象突出，不利于向受众提供多元化的新闻解读和新闻调查视角；新闻素材获取的便利性也容易导致记者队伍素质下降，甚至出现不加考证、不加调查，只照搬或复制网络素材的现象，增加了失实新闻传播的风险。所以，网络取材既要用之亦要防之，既要利用其便利性增进新闻产制的速度，又要防止素材滥用导致的不良后果。

二、加强自身优势

（一）加大深度报道

在新媒体利用技术优势占尽时效性与生动性优势的传播环境下，电视新闻"第一时间"报道优势日趋衰弱。电视新闻凭借自身专业的人才队伍，深度挖掘新闻信息，进行深入、全面、客观的权威报道成为电视新闻应对新闻媒体竞争的关键所在，也是对当下受众深入了解新闻事实这一最大需求的满足。网络化的今天，在新媒体简单化、碎片式、表象性海量信息的"围剿"中，受众已经不需要"告知"性的新闻信息，而是需要在众多琐碎的信息中"剥离"出来的，需要经过理性观察与思考得出的深度信息，并希望能在信息的深度挖掘与深入分析中，客观认识自身环境，辨明利弊，寻找最适合自身发展的空间。要呈现这类信息，非深度报道不可，因为深度报道不但报道事实，还挖掘新闻潜在的意义，把新闻之于受众的价值无限延伸。

深度报道离不开大量的调研、资料审查与资料整合工作，因此可以说最具代表性的深度报道便是调查性报道，中央广播电视总台3.15晚会就是典型的深度报道节目。节目团队从2001年至今，曝光了数百家违法、违规企业以及个人，从"人工授精调查""电话营销骗术揭秘"到"苹果违反三包规定"等调查报道，每一次节目播出都会产生强烈的社会反响，甚至成为消费者维权日的象征，节目播出后受到社会各界好评。

目前来讲，关于纪录片是否属于电视新闻的争论尚未有明确的结果，但更多的学者趋向于将它归为新闻的大类，如此说来，将中央电视台自 2011 年陆续推出的"最美"系列品牌节目归于电视新闻类节目并不牵强。其中"最美"系列中的"最美乡村教师"和"最美乡村医生"在中央电视台科教频道《讲述》栏目中做了大约 70 期、每期 25 分钟的专题纪录片展播。这些最美人物，是在全国 846 万乡村教师，130 万乡村医生这样庞大的人群中寻找、挖掘、拍摄到的有代表性的、有故事性的道德模范典型，"最美"系列连续三年推出了大型颁奖晚会，引起强烈的社会反响，社会各界甚至争相模仿，在全社会范围内掀起了争做"最美"的风潮。

理论上讲，新闻事件的深度和厚度是无限的，除传统的深度报道形式处，在全媒体背景下，深度报道还表现为对信息内容的深度整合。这种整合是对新闻素材的精简与再加工，"不管媒介融合方式如何，一个媒介要赢得竞争、胜过竞争对手的主要因素，绝不只是靠具有原创性的独家新闻，而是靠独家的、具有原创性的信息加工标准、加工方式、信息处理手段及信息表现方式"。海量信息冗余，拼抢新闻速度弱化，造成信息筛选和摘取的重要性日益突出，筛选、重组、强化信息等整合功能对发挥电视新闻传播效力更有意义。这种整合可以跨越平台、跨越地域与行业，通过整合对新闻事件进行适当程度的深入解读、个性化解读，形成独特视角，就能在受众面前呈现出具有全新生命力的信息。

（二）用活现场直播

电视新闻最鲜活的生命力莫过于"新鲜"，现场直播就是这种"鲜活"的极限，即使新媒体诞生以来强势的"秒"传播，也不及电视新闻现场直播来的有吸引力。在全媒体的围剿下，电视新闻越来越注重现场直播，"记者现场报道""正在播报""电话连线现场记者"已经成为电视新闻的高频词汇。

通过现场报道，把发生事件中的现场人物活动、现场声音等视听画面如实传达给受众，形成视听感官的强烈冲击力，发挥了电视视听兼备、声画结合的优势，让受众感觉"亲临"事件现场、"亲眼"目睹事件发生、发展，一直是电视新闻现场的魅力所在，也是受众喜闻乐见的报道形式之一。

现场新闻直播更具有冲击力、权威性和可信度与时效性，是电视新闻应对全媒体乐意标榜的"即时传播"的最有力的工具。现场直播报道，是电视特性和新闻特性的双重回归，能充分体现电视媒介特点——冲破空间的阻隔，把影像和声音即时地传到遥远的地方。

一项调查称，在"9·11"袭击事件发生后的 24 小时里，美国 CNN 和美国其他的几大广播公司的电视收视率创历史纪录，比 10 年前的海湾战争时还高出。这足以说明，在新媒体技术优势一再逼迫下，能够实现即时新闻信息传播的电视现场直播在全媒体环境中依然是不可或缺、无可替代的。

2008 年被称为我国电视新闻直播年，当年对汶川大地震的"无间断直播"达 200 余条次，成为国内外新闻媒体获取震区新闻的主要新闻源，受众的实时信息需求被正视。此后突发事件、大型活动的现场直播几乎成为不成文的"规定"。如今电视新闻直播俨然已经成为受众最喜欢的新闻节目形式之一，2013 年《电视的品质、品格、品味——2013 年中央电视台智库论坛》公布的"2013 年上半年网络美誉度榜单"前十中《新闻直播间》《直播港澳台》两档节目位居前二。

（三）做好新闻评论

"独家"，20 世纪众新闻媒体追捧的对象。在进入 21 世纪后，"独家"新闻报道渐行渐远，互联网技术支撑下的海量信息，让"独家"新闻源几乎成为虚谈。在当下，独家的新闻信息报道虽难再现，但独家的新闻观点却依然备受推崇。

当所有信息一起暴露在受众视野中，纷繁复杂、毫无头绪的琐碎信息让受众疲惫不堪，他们不再需要告知性的报道，而是需要能够"透过现象看本质"的新闻观点，受众已经不缺少事实，而是缺少对事实的分析判断。《纽约时报》家族第三代掌门人阿瑟·奥克斯·索尔兹伯格（Arthur Ochs Sulzberger）说："这个世界从不缺新闻。如果你要看新闻，你可以上网，可以找到很多垃圾。但我不认为很多人有担任编辑的才能、时间或兴趣。所以当你买《纽约时报》，你不是买新闻，你是买判断。"

可以说，新闻界公认的最高水平新闻工作非评论员莫属了。国际主流媒体中备受推崇的出镜记者，无一不是能够代表媒体参与新闻并做出现场评论的评论高手，可见，新闻评论有它难以取代的新闻地位和传播魅力。拿央视的新闻评论节目《新闻1+1》来说，不管是节目本身还是主持人白岩松，都俨然成为电视新闻行业"丰碑"式的存在。从另一个层面讲，电视新闻与其他新媒体新闻相比，最大的优势在于电视的公信力、专业性与权威性，新闻评论便是对这种公信力、专业性、权威性的最佳诠释。因此，新闻评论依然是电视新闻的"利器"。

三、搭建融媒体矩阵和互动平台

电视之所以出现，它有一个重要的功能就是为了社交，只不过传统电视的交互功能是单向的，观众对电视节目的反馈互动只能通过人内传播或以家庭为单位的群体传播，无法直接通过电视进入互动渠道。2002 年中央电视台春晚就把短信互动运用到节目之中，使观众可以直接参与电视节目流程，拉近了电视节目与观众的时空距离。2009 年，中央电视台开始对电视新闻节目进行大规模改版，一时间，国内各级电视台纷纷加入改革浪潮，各省级电视台也开始开发依托本土特色的电视新闻节目，开拓新的节目形态，并将短信留言、热线电话、网上留言等新的互动方式运用到电视新闻传播当中。对比当代社交平台的功能布局，未来电视新闻互动应逐渐包含节目签到、弹幕、论坛、转发、点赞或收藏、留言（包括文字、声音、图像）、投票、实时连线等。通过这些感官的交互体验，能够不同程度地满足观众的参与感，增加受众黏性。它改变了以往的节目生态，使观众参与新闻话题的讨论变得即时高效，缩小了时空差距。在这样的背景下，电视新闻不再主要强调节目与受众之间的关系，而是更加凸显新闻事件与人的关系，以及收看新闻节目的人与人之间的关系，这种互动化并不意欲将电视新闻变成完全的互联网产品，而是在多样态媒介中开发电视新闻的媒介功能，恢复其主流媒体的地位。

当电视新闻跨界至互联网，其受众的接触面将更加广泛，除了使用传统的有线电视和卫星电视之外，各种带宽设备、视频客户端纷纷上线，电视新闻的传播渠道扩张是必然趋势，其目的就是扩大自身品牌影响力，拓展更多受众。2018 年 8 月，全国宣传思想工作会议指出，要扎实抓好县级融媒体中心建设；2018 年 9 月，中央宣传部召开县级融媒体中心建设现场推进会，要求 2020 年底基本实现县级融媒体中心全国全覆盖。作为我国"四级办台"方针的末级单位，县级融媒体中心的全面建设极大地扩展了包括电视台在内的媒体的覆盖面。

电视台相比新媒体具有较高的新闻节目制作水平，电视台有专业的主持人和播出设备，有权威性和影响力，往往能够针对某一新闻邀请专家或新闻当事人做客直播间进行访谈或评论。2016 年，央视推出了首档融媒体新闻评论节目——《中国舆论场》，该节目充分将传统电视新闻节目的基本形态与新媒体融合，既有专业的点评嘉宾也有观众互动，对新闻事件有较强的解读性、启发性，同时兼顾互动性，可以说，每一场节目都像是一场网民与嘉宾共同参与的"大讨论"，既满足了公民的发声需求，又能够即时了解社情民意，引导舆论的健康发展。

融媒体环境下电视新闻走向多渠道传播的发展态势，构建了广阔的传播渠道，即使面对多渠道、跨平台运营的趋势，电视新闻仍应该坚持立足于其现有的节目，始终坚持保留积累了几十年的媒体公信力和信息权威性。每当有重大新闻事件发生，网络上的声音往往纷繁复杂，受众更愿意从电视新闻中获取消息，电视仍然是最具公信力的消息来源，因此，在扩大传播平台的同时，也应该发展好电视新闻本体。2020年2月，索福瑞媒介研究发布了新冠肺炎疫情期间用户媒介消费及使用预期调查报告，数据显示，疫情期间传统媒体依托其公信力与权威性迎来用户增长，大幅提升了使用者对传统媒体（包括客户端）的信任度，有62.4%的用户表示更加相信传统媒体网站或客户端，其次是电视媒体（53.7%）。

由此可见，电视新闻虽然受到新媒体的冲击，但并不容易被淘汰，原因有二：首先，电视新闻有其稳定的收视群体，有专业化的制作团队，有政策和稳定的资金支持，在权威性和公信力方面有着无可替代的地位；其次，电视新闻自身也在不断搭建其"媒体矩阵"，加入新媒体的行列之中，且能够快速适应新的媒介环境，揽获可观的用户数量。总之，新科技固然对旧媒体带来威胁，但媒体存活的关键在于受众的需求与选择。

四、电视新闻"短视频化"

（一）精准分发信息

电视新闻新媒体产品若能将各类信息进行整合分类，将用户"标签化"归类，在信息分发的过程中精准投放，不仅可以增加用户黏性，而且有利于广告投放，扩大招商引资。此外，电视新媒体还可以通过与政府和企业开展合作，加强在政务、商业上的服务，如"网上办事大厅"和生活缴费、居家服务等。

（二）构建短视频节目群

抖音短视频创作者的背景十分复杂，有的是个人用户，有的是商业单位、政府机关或民间组织，抖音正如一个以短视频为媒介的社交平台或"信息集散地"，它能够有效承载不同的声音，使不同的文化、不同的受众需求在这里得到碰撞和满足。例如，一名普通抖音用户上传了一条名为"老孙家肉夹馍"的视频，该视频使用了一首名叫《西安人的歌》的歌曲作为背景音乐，视频内容是一段制作"肉夹馍"的画面，该视频获得了24.1万点赞数和1.5万条评论留言（截至2020年3月29日）。值得注意的是，这条短视频并非什么"大制作"，它使用竖屏拍摄，全段视频使用固定"机位"，构图也不甚考究，甚至有些现场杂音，但这些"不利"因素均没有影响其宣传效果，反而这种随意性更像是一种贴近生活的记录。此外，这首原创音乐对该视频的"走红"起着非常重要作用，它具有深化主题、树立形象、渲染气氛、表达情感等艺术功能，能够与视频合力构成一种文化与"画面表现"的协调印象。

衡量新闻短视频节目的质量，既要考虑"画面因素"又要考虑"文化因素"，尤其对于新闻节目来说，除了要保障基本的画面观赏度，最重要的要提高新闻事件的"可叙述性"，要思考如何"讲好故事"。一些电视媒体单位制作的短视频太过于讲求画面工整，过于强调"新闻专业主义"，使其内容不能完全融入新媒体传播的话语体系。通过观看 2019 年 8 月 1 日至 2019 年 9 月 3 日新华网出品的 211 个视频，笔者总结出几种比较显著的表达风格。

流行化表达，用带有网络亚文化符号、时代符号和"时尚型"的叙事口吻表述事实，例如《联合国翻译官修炼手册》，使用了"XX 修炼手册"这一网络流行表达的方式作为标题，在视频解说中也使用"高大上""惊呆了"等用语，赋予作品活力。

通俗化表达，从"小切口""生活化"的平民视角讲故事，打造通俗易懂的叙事语言，例如《微视频：带着娃娃去驻村》用平实的拍摄手法、直白的采访话语和简单的转场效果，描述了健康扶贫路上一对医生夫妻的初心与梦想。

融合式表达，运用微电影、广告片、宣传片、公益片等影视创作手法去拍摄新闻片，例如《松兴之路：高密市松兴屯村建设美丽乡村纪实》，运用了电影和宣传片的拍摄手法，在声光艺术的结合中讲述了松兴屯村在乡村振兴战略中的先进事迹。

在融媒体的建设中，地方媒体要立足本土特色，依托电视台自身的信息搜集能力，从文化、旅游、经济、美食、服务等各个方面着手丰富节目内容，打造一系列较为完整的短视频节目群。短视频节目创作形式可以从以下三个基本模式中不断完善和开发。

第一，基于电视节目的"再加工"，例如央视新闻推出的《主播说联播》栏目，立足于已有的《新闻联播》节目进行二度创作，制作成简短又具有思想性和教育意义的新闻短视频节目。这类视频需要有较高的新闻价值，能够与国家和社会、百姓生活产生共鸣，并且要有富有语言特色的新闻评论，可以起到引导舆论、教育大众的作用。

第二，各类信息的"包装"演绎，将信息通过某种演绎形式进行塑造，以达到推广和宣传的目的。例如，抖音号"四平警事"，利用独创的"编故事""讲段子"式的幽默短剧和搞笑表演,成为坐拥千万级粉丝的政务大号,在这样接地气的"包装"下,让普法宣传深入人心。电视台若能将本地的资讯(例如热点新闻、政策政务、公益宣传、普法教育、专栏专题等)以大众喜闻乐见的方式进行演绎,制作成短视频,或者是微电影、短剧,其宣传效果更佳。

第三,"小事件"的"小视频",广泛征集社会中有趣味的小事件或百姓生活中拍摄的小视频。如"小学生敬礼回应小车让行""每天弯腰千次!列车检修员疫期坚守24小时,日行万步查30趟车"等。这类素材虽然短小,但可以在短视频平台中发挥价值,其宣传的价值重点在于以"官方媒体"为平台为广大百姓创造一个展示的空间,电视媒体也可以把镜头的视角下沉到基层,揽获受众。这类视频的制作也非常简单,只需要几个基本的现场(或补拍)镜头、图片,或者采访即可完成,重点需要对视频素材进行筛选,素材要具有趣味性、启发性和典型性,能够与广大受众产生心理共鸣。

(三)电视新闻"长短结合"

电视新闻节目时长一般为15—30分钟,根据节目策划和编排的需要制定,每期节目有着固定的时长,节目内容的呈现也有着较为稳定的程序和步骤。新闻短视频通常为几秒钟到几分钟不等,它们的内容多为新闻现场、电视新闻节目剪辑、互联网媒体或自媒体制作的访谈、新闻评论、报道等Vlog性质的短视频,每期时长不等,剪辑制作具有明显的个性化元素和风格特征。这些短小却内容丰富的视频具有很强的社交属性,它的制作成本低、门槛低,内容通俗易懂,个性化特征明显,有较强的娱乐性,观看场景便捷,传播迅速。近年来,短视频业务成为各大互联网巨头纷纷争夺的高地,短视频行业融资量呈井喷态势。

一般来说,传统电视新闻节目的选题多为社会热点或重要事件,对一些具有趣味性的"小事件"却很少做专门的报道。在短视频的推动下,这些"小事件"有了播出的渠道,并且获得了较高的关注度。例如,央视新闻微博账号在2020年3月11日发布了一条名为《被困70小时男子说不敢哭怕费体力》的短视频,其画面内容是福建泉州欣佳酒店坍塌事故中的被救男子躺在医院病床上的采访,视频没有字幕也没有解说,只有受访人对被困经历的描述,视频时长为1分23秒,获得了37万点赞量和1480万播放量。再者,2019年高考期间,"中山手机台"账号发布了一条抖音短视频,获得了240万的点赞量和6万条留言,其内容是广东中山警方演示利用无人机给忘带准考证的考生送证。从电视新闻的角度来说,这条新闻的时长短,新闻现场感较少,可叙述性较低,如果在电视节目中播出恐怕很难达到较高的关注度,但是这条15秒的视频在抖音上有了用武之地，在发布时间上，它迎合了当时有关高考的热点话题，有着走红的时间基础和热点基础；在画面内容上，它短小丰富，只有 15 秒，其节奏紧凑、画面翔实，利用多个镜头演绎了无人机送准考证的过程，虽然没有多大的传统意义上的"新闻价值"，但满足了受众对传播内容"精简""新鲜""奇特"的需求，具有较强的传播能力。短视频新闻"短、平、快"的特点符合当今手机用户时间碎片化的浏览需求，这使一些"小事件"有了新的展示平台，能够获得更高的、甚至超过电视新闻的浏览量和关注度。"长""短"结合的新闻制作方式能够加强电视新闻品牌的凝聚力，电视新闻可以根据新闻题材和内容体量调整播出方式，大事大报道、小事小制作，使电视新闻节目和新闻短视频都能够依托电视媒体的品牌形成合力，便于发挥融媒体的整合作用和多传播渠道的构建。

电视新闻短视频的另一个较为成功的案例是央视新闻推出的《主播说联播》栏目，它相当于一个基于当天电视新闻节目的精简版的《新闻联播》，节目当晚出镜的播音员用几句话描述当天的重点新闻，并附简短有力的评论，其视频长度在 1—2 分钟不等，每天电视版《新闻联播》播出完毕后，在"央视新闻"各大平台和客户端配套推出，2019 年 7 月一经推出便获得了良好的传播效果，揽获了大批的年轻受众。作为中央电视台和《新闻联播》的"子品牌"，《主播说联播》的定位十分巧妙，节目不同于往日中央电视台低调严谨的话语风格，它用极短的节目时长和"简单直接"的短评，在手机端发布并传播，迎合了当代受众的媒介消费特点，其轻松幽默又有正能量的语言体系，受到了网络受众的青睐。《主播说联播》的成功实践给电视新闻提供了一条具有借鉴意义的转型道路：它不同于一些电视媒体将自身经营的电视新闻和短视频业务完全做成"两张牌"的运营模式，而是紧紧依托其电视节目的品牌影响力和公信力，在其已有的电视新闻节目中挖掘短视频素材，换一套包装并进行二次创作，以极少的创作成本获得了高"流量"。同样，这些"流量"又能顺带推广相应的电视节目，归根到底，这种互相依托的模式增加了电视新闻品牌的附加值，可谓一举多得。

短视频的兴起是否意味着电视新闻也需要进行时长改革呢？并不是，传统电视新闻节目需要保持相对较长的节目时间来坚守专业的新闻报道。短视频虽然具有一定的传播优势，能够以大众喜闻乐见的方式来展现新鲜事，但是其展现的事件主体是否有较强的新闻价值无法衡量；各类"非官方"发布的新闻内容是否能够达到传播标准或恪守信息传播法规无法全面和即时干预，易导致"失实新闻"和"三俗化"视频出现；事件追踪能力有限、深度报道能力有限，无法清晰完整地调查整个事件的全经过和各方面；缺乏深度、专业的新闻评论人员，事件解读能力不足，易产生误导性评论；新闻事件的真伪无法确认，假新闻时有发生；采访、编辑、报道技术有限，节目质量有待提高。专业电视新闻应坚守科学的报道方法和制作要求，发挥深度报道、事件追踪、专业评论和专业技术水平的优势，把握新闻舆论导向性并进行权威解读，坚守新闻记者的职业素养和道德水准，去伪存真、由表及里，培养稳固的受众群体。

分析电视新闻转型的一些成功案例，可以总结道，电视新闻若要在融媒体环境下获得长足发展，必须要在坚守传统业务的同时牢牢树立互联网传播思维，利用互联网技术、全媒体人才、新运营理念来顺应转型。还可以看到，一些地区在融媒体转型的过程中只重平台搭建，忽略了内容建设，往往是媒体矩阵开发了很多，但在播的只有几个老节目，受众服务的内容也比较单一，难免落得"换汤不换药"的境地。

无论是传统电视新闻还是新的新闻形式，内容的优劣决定了受众的去留。电视新闻要在互联网环境中生存，就必须要思考"短视频化"的问题，各大电视台要以自身电视新闻节目为品牌依托，将电视新闻节目的公信力与影响力嫁接到互联网平台上来，整合现有资源和地域特色，打造出一套新的互联网节目体系，在内容和风格上能够顺应互联网元素，并培养出一批忠实的年轻受众。所以发展短视频节目及相关业务显得尤为重要，为此，电视新闻有必要借鉴短视频运营的方法和理念，加快自身的转型探索。

以抖音为例，短视频的"创新与扩散"至少经历了三个不同阶段：第一个阶段以民间文化为主，个体网民用户是短视频最早的创作者，他们将短视频作为个人记录的一种新手段，并赋予了短视频民间文化的底色；第二个阶段以商业运作为主，在民间文化中脱颖而出的短视频自媒体，在资本的运作和支持下，保证持续的内容输出和商业变现，即 MCN（Multi-Channel Network）模式，进一步推动了短视频自媒体的商业化；第三个阶段以公共性传播为主，短视频平台巨大的影响力，使政府、媒体和商业团体等公共用户纷纷涌入，媒体及各种机构、组织开始将短视频作为一种新的公共传播手段。从第一个阶段能看出，抖音短视频承载的是大众的选择，抖音所衍生的各类亚文化也是以大众为主角产生的。第二、第三阶段起源于大众，经过商业运作，最终也将反哺大众、回归大众。个人用户进行 UGC 内容生产，媒体、企业、政府机关、各类组织等团体化单位进行 PGC、OGC 内容生产。个人用户内容生产分为两类，一类是内容由用户个人生产；另一类是以个人用户形式进行内容生产，走向 MCN 模式。

现如今，各大短视频平台基本已经发展到了第三阶段，即公共性传播的阶段，该阶段呈现出更高的信息包容度，各类声音又多又杂，短视频用户对客观、专业、有权威性的资讯和内容呼声越来越高。因此，电视新闻在此时入驻或开发短视频平台是十分合乎时宜的，再者，电视台或电视媒体作为新闻单位，其本身就具有"大众事业""公共事业"的特性，无论在资金、政策还是信息权威性方面，都有其优势，其本身能够更好更快地适应短视频环境。

（四）打造 IP 化电视新闻产品

从 2005 年至今，中国互联网视频行业经历过三个阶段的发展：首先是从 2005 年到 2010 年的 1.0 时代，这一时期以土豆、优酷为代表的 UGC 视频网站为主，视频清晰度低，视频内容也参差不齐；2010—2015 年进入了 2.0 时代，这一时期以正版、高清、长视频内容为主，典型代表包括爱奇艺、腾讯视频等；而从 2015 年至今，视频行业发展的趋势是建设开放型内容健康生态系统，以内容 IP 为基础衍生出健康丰富的视频内容。在未来，媒体之间的深度融合已经成了一种必然趋势，电视新闻必然与各大互联网视频媒体所推崇的"IP 化运营"产生新碰撞。

IP 原本是英文"Intellectual Property"（知识产权）的缩写，后来词义延伸，表示知名文创作品的统称。现如今，许多媒体选择利用平台思维和 IP 思维进行转型，打造持续投资发展的能力，营造 IP 产品群促进持续变现。对于新闻媒体来说，IP 化称得上是一条新的发展路径，如齐鲁频道的民生电视新闻节目《拉呱》，利用戏曲和方言元素对主持人和节目语言进行包装，塑造了独具一格的节目风格，保持了较好的节目口碑和收视率，从最开始的一档聚合热点的新闻栏目成长为齐鲁频道的王牌节目，具有较强的用户黏性，且实现了广告流量变现。电视新闻若能挖掘新闻节目或线下渠道的 IP 价值，尝试开拓全新的产业链开发，或许可以产生具有较大影响力的 IP 价值。

爱奇艺的 IP 创作涉猎范围很广泛，有熟知的影视、综艺，其实也有许多其他形式的原创作品，查看近几年爱奇艺的系列作品，可以发现爱奇艺正在构建一个内容广泛、形成生态的 IP 产业链。

这样的 IP 开发模式有三个特点，其一，产业链覆盖面广，既涉及线上内容，也涉及线下产品，能够网罗受众，增加品牌承载力。其二，上中下游合体发力，保证每一条产业链内容互补。其三，IP 内容互相影响，做到你中有我、我中有你，不断扩大品牌影响力，同时形成良性循环，拿上游 IP 开发中游内容，拿中游内容建设下游产业。这样的产业模式对品牌的影响力是巨大的，品牌产品不再是单一的剧作，而是完整的 IP 文化符号。电视新闻同样可以靠原创自制栏目扩展 IP 产品链，其前提是要把"上游品牌"——电视新闻节目做好，要能够同时满足受众对节目的信息权威性和依赖性需求，能够通过互联网与受众展开实时互动，并且要有融理性和知识性于一体的新闻评论，从而以电视新闻节目为依托，评估节目价值定位，通过授权开发不同的文创作品增加节目附加值，逐步建立起完整的 IP 链条。

例如，2019 年 5 月 7 日，爱奇艺上线网剧《破冰行动》，该剧以 2013 年广东省"雷霆扫毒 12.29"专项行动为原型，展现了"制毒第一村"的倾覆，包括近几年的《湄公河行动》《红海行动》等影视作品，同样有具体的新闻背景。也就是说，新闻事件在某一个角度来说也是一个"故事"，其背后有着巨大的价值拓展空间，可以发展成为新闻 IP 产品。

除了开发文创作品，电视新闻 IP 还可以开展线下活动，如湖南卫视《新闻大求真》节目，在做好本身节目的基础上，根据节目内容开发 AR 图书，打造了互动立体影像读物，其内容有互动实验、情景剧等；同时开展公益参访活动，走进全国 150 多座村落小学，为偏远地区的孩子演示趣味实验。

（五）运用特效技术提升内容质量

对于电视新闻来说，节目的画面对新闻叙述十分重要，电视新闻节目要利用好电视动画，增加特效和短视频元素，提升内容质量，这一点可以向媒体企业和互联网公司学习。例如，新华网从 2016 年开始围绕热点时事推出了多部风靡一时的视频作品，其中包括《国家相册》《直播联合国》等系列节目，这些节目构思巧妙、画面精良，无论是艺术审美还是内容架构，都具有较高的观赏度。

新华网媒体创意工场有一套 MILO 运动控制系统，它能够记录摄像机在现实中的运动轨迹，并输入计算机中匹配给下一次拍摄或虚拟空间。它主要用于真人与虚拟场景、单拍真人与单拍实景后的影片融合，可以起到真实画面和三维场景、角色无缝合成的作用，能够有效提升影视特效制作水平。新华网在 2018 年 12 月出品的致敬改革开放 40 周年主题特别作品《我梦想，我奋斗，我奔向》中，制作全程均使用 MILO 设备拍摄，制作出 8 分钟时长的"一镜到底"视频，将 14 个场景进行无缝衔接。视频内容展现了我国从成立初期到改革开放后人民生活的变化，视频中出现的不同的时期有不同的景物镜头，视频的时间线性逻辑较为明显，适合用一个长镜头隐化转场，连贯而又完整地表现几十年的社会变迁，既在视觉上有着连贯性，又能串联起时间逻辑下的景物变化，使观众能够更直观地感受时空变迁。

新华网媒体创意工场还有完整的智能演播设备。MR 智能演播厅在 2018 年建成，厅内舞台区共 1 面地面屏和 3 面立屏，高 4.05 米，总面积 111 平方米，堪称"全景"屏幕，利用总控室的前景增强现实即时渲染系统、动态捕捉系统，屏幕能够在任意位置显示逼真的三维场景和各类风格迥异的创意空间，以交互式、沉浸式、呈现、配合节目场景。2019 年两会期间，新华网推出了《全息交互看报告》视频作品，它全程在 MR 演播厅进行拍摄，将百姓生活真实还原，在一个空间内实现流畅的空间转换。

电视新闻在近几年利用新的媒介技术开创了"智媒体时代"，如 4K 直播技术、机器人记者、VR 直播技术、人工合成 AI 主播等。中央广播电视总台在 2019 年两会期间率先推出了 5G+4K 的概念，相关技术设备也在两会报道中纷纷亮相，使两会报道呈现了智能化、互动化、可视化、全息化的特点。2019 年两会期间，各省级电视台同样利用新的媒体技术为两会报道助阵，如江苏广播电视总台通过县级融媒体平台和"荔枝云"共享平台，向全省的市、县两级电视台开通融合共享渠道，实现上至省台、下至县台的互通互联报道新模式；陕西广播电视台以"丝路云"平台为依托，以 5G+4K 为技术引领，搭建了省、市、县三级电视台媒体联动矩阵。

以科技推动创新对于一家媒体来说尤为重要，它既能衡量作品水平，使优秀作品在同类报道中脱颖而出，也能迎合甚至引导受众审美。以技术推动内容形态不断革新，多元化地发展视觉传播手段，打造视频传播良好的包装效果，才能够让融合报道作品更加新颖，更易传播。电视新闻应该在融媒体转型的过程中注重发挥媒体科技引导力，如果科技实力不足，则会导致创新力较差，难以满足受众的审美需求。

五、电视新闻新媒体应用"转型与升级"

（一）生产理念转型

"理念先于行。"麦克卢汉认为，媒介的意义更多在于它所带来的整个社会层面的变革，电视新闻要想在变革的大潮中保有优势，就必须在信息生产的根本理念上有所变革。全媒体背景下，电视新闻首先要汲取"新媒体"生产理念，并整合传统生产理念形成完整的全媒体生产理念。全媒体依然在快速发展，全媒体的信息生产理念也必将不断推陈出新。就当下来看，电视新闻要特别"考究"的新媒体理念包括用户理念、新媒体思维、营销理念。

1. 用户理念

用户理念伴随新媒体的兴起而产生,是21世纪营销领域最重要的理论开拓。某种程度上讲,用户理论的本质是"信息服务理念",通过研究用户、组织用户、组织服务,将有价值的信息传递给用户,最终帮助用户解决问题。它以受众为中心,为受众提供个性化的信息服务,媒体在其中是以服务者的姿态而不是优势传播者姿态面对大众。用户理念在当下传播环境中直接体现为对"用户体验"的重视。用户体验的概念已经成为新媒体行业的流行词汇,也是衡量新技术产品市场潜力的标杆。所谓的用户体验,即是"人们对于针对使用或期望使用的产品、系统或者服务的认知印象和回应",通俗来讲就是"这个东西好不好用,用起来方不方便",是一种纯主观的且注重实际应用的感受。移动客户端的信息推送、网站内容、"微"内容的呈现无一不需要这一理念的指导。

总之,用户理念指导电视新闻向全媒体靠拢的最基本的理念,没有这个理念,电视新闻还将是在传统的生产套路里,无法实现自我的突破与创新。

2. 新媒体思维

所谓的新媒体思维,最纯粹的就是要求电视新闻新媒体传播要按照新媒体的原则和工作流程来优化、调整,最终制作出符合新媒体传播规律的新闻产品,并实现电视新闻新媒体传播效果的最大化。

新媒体思维首先要求正确地认知当下不断变革的传媒环境,认真思考新媒体带给传统媒体的冲击与影响,正视新媒体对未来电视新闻发展的重要意义,把电视新闻的新媒体建设写进日程并作为一项重要的议题,在电视新闻发展战略和战术上重视新媒体的作用,给予足够的人力、财物的支持,而不是仅仅把新媒体当作电视新闻的"配饰"。

新媒体要求电视新闻认真研究新媒体传播规律,在尊重新媒体传播规律的基础上,尽可能多地加入电视新闻传播的元素,凸显电视新闻的特色与优势。这要求做到,正确认识电视新闻自身的优势与劣势,更要认识每一种新媒体的所长与所短,既能以"独立的个体"发挥各个媒体所长,又能以"全体"的优势,尽量弥补各媒体所短,发挥全媒体的聚合效应。

3. 营销理念

纵观整个信息技术发展史,每一项新媒体技术的应用,都首先以单纯的信息传播载体的姿态进入传媒领域,但其功能最终是被商业"营销"挖掘并操作到极致。传统电视新闻信息的传播方法,已经不合全媒体时代的传播时宜,"商业"借助新媒体技术实现的各种营销手段,都是电视新闻应该认真思考和汲取的经验财富。

如同"信息服务"理念的转变，电视新闻不能单纯作为一种传播，更应该是一种"产品"，而且是一种易碎的产品，随着时间的流逝，它的价值逐渐递减归零，因此需要借鉴和使用其他产品的新媒体"营销"手段，实现产品效益的最大化。伴随着新媒体的诞生，备受推崇的营销手段包括品牌营销、事件营销、病毒营销、分众化营销、大数据营销等，都是在新媒体领域行之有效的营销手段，需要电视新闻细致研究，并结合自身的特性，正确地运用到电视新闻全媒体传播中去。

其中，品牌营销由来已久，但在新媒体出现后，它的最佳营销平台和营销方式有所改变。一项调查显示，广告主已经认同数字媒体品牌建设效果，76%的被调查的广告主认为，当下最被认同的能提升品牌形象的数字媒体或广告是微博，也有65%和54%的人认为是关键词展示广告和官网广告，65%的人还表示经常使用官网作为营销活动的重要组成部分。

这些数字为当下电视新闻品牌建设提供了最好的参考。需要说明的是，具体到电视新闻的品牌营销，应该特别注重名主持、名记者、名评论员的名人效应，并且作为电视新闻品牌建设和维护的重要组成部分。

事件营销、病毒营销是符合微博传播特性的营销利器，也与新闻传播议程设置功能不谋而合，因此其具体方式、方法对电视新闻来说有着巨大借鉴意义。分众化营销，是受众市场裂变、细化以来出现的营销方式，这种营销方式，随着移动客户端的发展进一步发挥作用，因为移动客户端实现了更详细的用户资料搜集，让"点对点"的推介成为可能。大数据营销可以说是分众化营销的精进，"海量"用户资料的掌握，实现了对用户喜好的"最精准"把控，从而实现广告"最有效"的投放，这一点可以在《今日头条》的营销上窥见靓影——它诞生之后，凭借大数据技术，定制化内容推送，稳居付费新闻客户端之首。如此说来分众化营销、大数据营销对电视新闻媒体建设有着积极的借鉴意义。

（二）全媒体"融合运用"

新媒体虽然来势汹汹，但应该看到，新媒体只是一个以技术概念作为划分的媒体形式，是一个新的播出平台。尽管它拥有信息集纳、信息传递等优势，但并没有建立起信息采集的能力。正是因为如此，电视与新媒体的"合作"才成为现实。在电视新闻的全媒体发展中，电视媒体需要逆向思维，利用新媒体创新传统电视新闻节目表达形式，为传统电视新闻注入新的生命力。

具体来讲，如借助新媒体技术，建设 3D 虚拟演播室，在视觉效果上，吸收平板电脑界面转换的动态特效，满足现代观众的审美需求，同时可以实现以主持人为核心的视频、音频、图片、数据等各种元素的调度，远程连线、人机对话、数据转换都能够在同一平台进行，让节目实现多角度多维度的表达。同时，充分运用同期声，让现场尽可能多地在电视画面中真实还原。近年流行的"海采"，就是基于满足人们对于"真实纪录"的需求而开发的。

再如，吸收和运用网络媒体表达。从互联网到微博、微信等平台，信息图片化、动漫视频化的表达越来越盛，深受大众欢迎。两年前互联网就曾流行一段5分钟的动画视频"你不知道的税"，通过简单的数据演绎，解释了复杂的税务问题，获得了意外巨大的点击量。网页专题信息图片化处理，长微博信息图片化制作，更是俘获大批网民，简单、一目了然的信息表达方式在快餐文化中倍受欢迎。这其中尤其被推崇的是表格、数据、动画、示意图等对文字信息的包装与美化，更便捷、更精美、更动态的信息呈现形式，让单一的电视图像变得更加丰富多彩、喜闻乐见。

特别需要注入"互动"元素。电视新闻节目的新生力，需要特别注重引入新媒体的"互动"性，因为新媒体区别于传统媒体，最大魅力便是"互动"元素。传统电视新闻需要与时俱进地引入"互动"元素，制作"互动"型新闻节目。如电视新闻媒体将网络热点事件、热点话题、焦点图片、趣味视频、微博语录等新鲜的"网络内容"引入传统电视新闻，便是早期探索的"台网"互动节目，提升收视的效果明显。

同时注重对各类新媒体信息的整合包装，包括跨平台的整合。如凤凰卫视《全媒体全时空》便大量融合互联网、微博、微信，甚至是报纸、广播等媒体的信息，有网络论坛的互动参与、微博信息、电视直播，又有报纸摘要、广播连线，通过电视的手法实现对传统媒体和新媒体内容的跨媒体整合；包括重视自身资源的整合，通过挖掘自身资源优势，建设资源数据库，为各新媒体平台的内容输出提供根本保障。电视新闻资源同娱乐、电视剧资源一样，在频道日益丰富的当下，优秀的内容资源将成为稀缺产品。

（三）新媒体平台整合升级

1.电视新闻新媒体应用整体提升

美国媒介批评学者保罗·利文森提出的"媒介补偿"理论认为，每一种媒介都有先天的局限或者缺憾，任何一种后继的媒介都是对过去某一种媒介或某一种先天不足功能的补救和补偿。当前的媒体环境，想要发挥全体新型媒体的特性，既要对新媒体"融合为一体"进行全面审视，发现新媒体建设的共性，又要以个体的思维观察各个新媒体，找准特性，重点利用，如同保罗·利文森所认为的，每一种媒体都有自身的所短所长，电视新闻难以实现对新媒体全部功能的开发利用，能抓住它最具特性的功能为己所用，就已经是成功地利用了新媒体。目前，就电视新闻媒体应用的整体而言还有许多亟待改进的地方。

（1）重视新媒体应用

首先必须组织专业的操作团队。因为新媒体的信息选择与处理等生产与操作流程完全区别于其他传统媒体，需要熟知"微"媒体特性、熟知网络传播规律、熟知网络互动以及用户行为习惯的专业人才操作。没有专业的新媒体队伍，传统媒体人只会把固化的传统电视新闻思维嫁接到新媒体上，造就一类"蹩脚"的存在。传统媒体生产制作与新媒体生产制作的差距犹如一条鸿沟，固化的传统思维注定在新媒体领域遭遇尴尬。

专业人才的培养又必须有健全的机制，因此需要建立新型专业人才的培养机制，并使用配套的绩效考核、奖惩制度，才能激发专业人才的积极性，真正发挥人才的作用。

（2）坚持原创内容

新颖的新闻内容、新闻图片或是视频内容都能够吸引用户的注意。这种原创首先建立在对自身内容资源的创作上，如由于移动端的限制以及受众收看的随意性，移动客户端的信息应当制作为"小节目"，时间上"短"，语言浓缩、简练，能够在最短、最快的时间内让受众接收到最多的有用信息；其次需要注重创新节目形式，结合各新媒体的特点设计与制作符合新媒体特性的新的节目形式与原创内容。如由于电脑或手机终端画面的限制，视频应在视觉呈现上尽可能地放大"人"的表情与动作细节，运用更多的现场报道、直播连线、采访同期以及与主持人的互动连线，创造人际交流的情境，强化观众的参与感。

（3）加强节目互动

需要特别注意的是，对用户发布的精彩内容进行转发与反馈，如精彩评论及代表性的意见或问题，这也是与用户互动的一种形式，是对用户发现力、思考力的认可，能让用户对官"微"产生心理上的认可，从而形成良性互动，提高用户的参与度，形成信息扩散。这其中也包括利用名主持、名记者、名主编、名评论员与其个人官"微"培养的关注用户进行的互动。个人"微"信息与节目呼应，可以带动用户关注节目内容，从而培养节目受众，提升官"微"以及节目本身的受关注度。

这些是电视新闻全媒体应用需要共同提高的方面，具体到各新媒体应用，也有需要提升的不足之处。

2. 电视新闻新媒体应用个体升级

新媒体应用个体升级意在要求将各新闻体应用的最具特色的功能为我所用。

（1）电视新闻网站

如同传统媒体遭遇新媒体一样，传统新闻网站也同样遭遇移动互联网的挑战。与移动互联网相比，传统新闻网站在深度信息整合策划、广度传播，特别是大型活动策划和组织受众互动方面有着许多不可比拟的优势。但电视媒体网站建立后，并没有起到这一作用。网络评论是网民互动最直接的形式，一定程度上说，网络评论已经成为一种舆论，对信息报道走向有着深远的影响，但传统新闻网站与网民间的互动远不及社交媒体。传统新闻网站想要雄起，必须修补互动的漏洞，这是一种传播理念，更是一种信息服务的理念。如人民网的"政在回应"、北方网的"政民零距离"等互动栏目，立足网民参政议政、咨询求助等各类需求，开设技术完备的在线问答、实时交流、追访反馈栏目，都是新闻网站发挥传播功能、传播正能量的有益尝试。

在信息整合方面，网页专题报道已经是当下新闻网站的普遍做法，尤其对两会、记者节等大型活动事件的网页专题设计来说，各大网站可谓"八仙过海，各显神通"。这种整合型的信息已经为新闻网站提高内容产品影响力的必然选择。但对网站信息的深度整合，需要首先认知网民需求，对所掌握需求信息进行全面、理性的分析后再进行有理有据的整合，而非信息的"大杂烩"。网页专题的子栏目设置就可以说明这一点，如新华网"3·15"专题，新改版后除了不断更新新闻、评论外，还设置了"消费观察""行业聚焦""消费指南""维权故事"等十多个栏目，全面照顾到网民的各类需求。同时，网站需要重视信息数据库的建设、维护，提升实时的查询、统计等服务体验。

网页整合信息要注重网络特性，综合运用文字、音频视频、图片图表、动画绘画以及数据库等元素，融入原创内容、协议转载内容的同时，添加网民发布的内容，实现信息全面、深入的最佳表现形态和网民视听享受的最佳体验。

（2）"微"媒体

当下普遍将微博与微信一起称为"微"媒体，电视新闻"微"媒体的境遇相似。首先是重视官方"微"媒体的日常维护，把握发布微博的最佳时间和更新频率，保证用户能够获知最新的信息，并将信息及相关评论进行及时转载与再次传播，这是保证微博活力的基础。

"微"媒体一个重要的特征就是围观效应，迅速聚集对某一热点话题的讨论，形成舆论，电视新闻节目要充分重视，通过主动发起话题等方式，"设置议程"，形成影响力。同时可以利用这种聚合效应组织开展节目活动，如节目投票、有奖征集，一些节目已经开始尝试，如 2012 年中央电视台新闻频道与腾讯微博、新浪微博合作推出的"随手拍——最美中国摄影作品征集活动"，定期筛选优秀作品，并在节目中滚动播放和进行故事阐述，引起较大的社会反响。此外还可以通过组织投票、中奖等小游戏加强与受众的互动，如 ABC（美国广播公司）新闻在 Facebook 页面就设置了"每周一测"的小游戏，是一些新闻内容竞猜题，相当受欢迎，明显提高了受众的参与度，甚至无形中培养了受众的浏览习惯。

注重"微"媒体信息采集，拓宽新闻线索来源，受众发布的信息极有可能是一则消息的线索或者由头。目前电视新闻"微"媒体主要局限于自身及同行采集信息的发布与转载，忽略从"微"媒体获取信息，获取信息的渠道或者数量都非常有限。这类信息源肯定需要开采，但必须同时注重对信息真实性的深层次考证，保证媒体的公信力。

借鉴成功的运作经验。对"微"媒体利用最充分的可以说是其开发者自身，他们对"微"媒体很多功能的应用都可以供电视新闻去借鉴。如新闻访谈节目的微博就可以借鉴新浪微博微访谈的"微当事人""政府零距离"栏目的做法，定期举行重大话题，邀请嘉宾进行"微访谈"，定期发起微博公益活动；本地新闻的微博可以借鉴新浪微博"同城微博"的经验等。

另外，电视娱乐节目及电视剧对"微"媒体利用比电视新闻成熟的多。可以说电视娱乐、电视剧节目宣传已经与"微"媒体相融，尤其在节目预告和节目互动环节的操作可圈可点，节目预告阶段，各版本的花絮介绍、明星装束、现场剧照、明星八卦等信息扑面而来，声势夺人；节目播出前后，发起各类"微"话题、组织"微"群组，引导受众参与，让受众交流心得、感触和意见，增加收看快感，引起网友的关注和讨论；如此循环扩展节目的影响力，真正的发挥了"微"媒体所长，是电视新闻"微"媒体所要学习的。

就电视新闻媒体微博而言，可以借鉴较为成熟的中央电视台官方微博操作经验。中央电视台微博官微不再是单纯的节目预告，而是形成了节目预告、新闻直播微评论、微调查、微博独家等内容的综合报道框架，在节目前冠以"#春晚倒计时#""#新闻 1+1#""#最新消息#"等将信息分门别类，方便受众阅读；开发微博原创内容，如"微博独家内容""央视微评"等内容，并娴熟应用"随手拍"；在传播平台上与电视节目区别开来，网络上的二次传播更注重从民生角度切入，尽显亲民和人文关怀。特别值得关注的是央视新闻注重与其他主流媒体合作，合作涵盖通讯社、报纸和网站，并注重与这些主流媒体间的互动，这种操作模式与形式是绝对值得其他电视新闻媒体借鉴的。

在此同样需要注意的是，对于微信功能不完善的地方，媒体可以与第三方开发商合作，腾讯通过与央视合作"央视新闻"攻克了自身在微信信息中插入视频播放器的技术难题。

（3）移动新闻客户端

在各新媒体中，纯粹意义上的移动新闻客户端发展时间最短，最不成熟，包括几个优质新闻客户端的建设也还是在初期探索阶段。电视新闻客户端的发展与突破需要借鉴这些强势客户端的发展经验。

门户网站新闻客户端的战略是优先抢占市场，将 PC 端网站的优势转移到移动互联网上，对电视新闻客户端来说也是如此。就目前发展来看，所有门户网站和新闻客户端的重复率非常高，用户在选择了一款客户端之后，通常不会再选择其他类似产品。电视新闻业面临同样的市场环境，必须在第一时间抢夺阵地，让用户最先安装自己的产品。

从几个优质新闻客户端的发展经验看来，从电视、电视媒体网站向移动端转移，不能只是单纯的内容迁移，而是要在用户需求的基础上做到对产品定位的改变，形成自身鲜明的特色才是王道。如网易将其一贯特色"有态度的门户""无跟帖、不新闻"成功移植到了新闻客户端，其"盖楼特色"评论的精彩程度远远超过新闻本身；《腾讯新闻》客户端则发挥了庞大用户群的优势，打造出"秒级响应、海量、精准、社交化、互动性"的产品特色，支持微信和微博分享之后，又开动 QQ 好友等功能。易观智库"新闻客户端产品性能对比"资料显示，功能方面，搜狐新闻较为突出，期刊订阅、新闻推送以及离线下载较受用户青睐；网易新闻的新闻阅读、跟帖、离线下载同样特色鲜明。

就新闻客户端发展整体来看，打造清晰的盈利模式成为当前发展的束缚，由于手机屏幕较小，过多广告投放会影响用户体验，各新闻客户端都比较慎重。但不管如何，将移动客户端与社交相结合，实现流量的增长与变现，已经成为众客户端的选择。同时，订阅费的模式也已经成功试水，资深的业界人士认为，客户端的最大的特色是基于大数据对读者关系的挖掘，"移动互联最大的商机来源于上下班途中浏览新闻的时间，可能是 20 分钟或 1 个小时，你要在这短时间内了解他想要什么，然后给他，而且要恰到好处"，"通过 App 追踪用户的行为模式，未来的商业机会将诞生于那些大量围绕特定内容的读者关系信息"。目前，订阅费模式已经在《今日头条》得到验证。移动客户端市场竞争如火如荼，但也显现"前途未卜"的危机，对于不甚熟练在新媒体市场"杀伐"的电视新闻媒体来说，很难成为开拓者。

就目前来说，电视新闻移动客户端规范品牌建设，如统一标识和名称，打造特色鲜明的定位、制作原创内容、加强互动是当务之急。期间，也可以借鉴央视新闻节目借力强势客户端的经验，通过入驻强势新闻客户端，以与强势客户端合作的形式增强市场影响力。

第二节　融媒体时代电视新闻传播的话语策略

在传统媒体和新媒体融合的语境下，电视新闻传播的内容更为重要，内容继续为王，而且将永远为王。"内容是媒介资格必要的条件"，因为传媒业本身就是内容产业，无论使用的终端是电视、电脑、手机还是MP4，人们希望看到、听到的永远都是真正有价值、有信息量的新闻信息和资讯。

由模拟电视到数字电视，电视新闻传播内容的概念也发生了变化，一方面是由于压缩节目内容所占空间使频道空间倍增，相应的内容需求数量激增；另一方面是内容形态丰富，节目内容类型增多，除原有的传统电视新闻视频节目之外，还包含相关的视频点播类节目，股票、天气预报等信息服务类节目。

"在中国数字电视产业发展的现阶段，内容瓶颈尤为凸显，作为数字电视产业推进的主要环境，内容问题亟待解决。"之所以这样说，是因为数字电视运营商在投资巨大的数字电视技术平台搭建完成之后，不仅需要根据用户的需求不断调整内容设置，而且数字电视的健康运营需要一个极为丰富的内容基础来支撑。其内容关系着数字电视的生死存亡，一方面，内容运营是数字电视经营的重心之一，没有数字内容，数字技术价值无法实现，没有数字内容，数字电视经营就成了无本之木、无源之水；另一方面在数字电视市场发展初期，内容成为吸引用户、拓展市场规模的重要武器，已投入市场运营的数字有线电视运营商们在实际运营中也都发现内容短缺是最大的问题。这导致了电视业的一个基本现实，即"电视产业日益成为频道过剩而内容短缺的经济形态"。再加上网络、手机等新媒体的巨大吸引力，人们的收视选择和信息娱乐渠道都已多元化，观众对电视新闻节目更加的挑剔，也就是说，新媒体的出现更为严重地激化了电视新闻传播的内容问题。那么在与更具自由与开放性质的新媒体的比较中，观众对电视新闻的内容更有意见，致使相当一部分观众流向新媒体。正如喻国明所说，过去那种观众对待质量平平的节目"边骂边看"的时代已经结束，而代之以"抛弃型选择时代"的到来，你的内容不好，我就不看，有的是选择。

新闻传播的内容即新闻的话语表达。对于"话语（discourse）"这一概念，不同的学者从各自不同的研究领域给它下定义，简单地说，话语就是围绕着特定语境中的特定文本所形成的传播实践和社会实践。

在梵·迪克看来："新闻生产主要是一种话语实践，一种话语安排形式"，它体现了"笔者、说者或机构的社会认知。"

处于转型期的中国电视新闻传播的话语表达也必须转型，原有的"意识形态话语体系"必须和当下的"市场话语体系"相结合，根据数字时代媒介融合生态下的受众特点及要求，在电视新闻传播实践的话语表达层面要淡化宣教色彩，彰显专业精神、实现由宣传型到新闻型的转变；发出自己的声音，掌握国内和国际话语权、确立本土化定位与全球化视野相统一的传播要义，以顺应转型期的话语表达需求。

一、由宣传型到新闻型的转变

随着获取信息渠道的多样化和易得性，所有的媒介都在努力争取获得更多的注意力和更广的接触面。而根据使用与满足理论，任何受众对媒体的选择和使用都是为了满足自己的某种需要，从根本上说是一种功利主义的行为。中国电视新闻的传播理念由"喉舌论"舆论导向到"三贴近"，再到近年的公共新闻、公民新闻的初露锋芒，正由单纯的宣传观念逐步向信息服务的观念转化，由完全的传者主导向受众主导过渡。

那么要满足现代传媒生态下的观众需求，电视新闻传播话语表达的转型首先"至少要实现两个转换，一是从传令官到信息服务员的转变，一是对宣传任务进行新闻化转换"。未来电视新闻媒体要想继续拥有自己应有的份额，就必须对各类新闻资讯进行集成与解读，淡化宣教色彩，实现从宣传型到新闻型的转变，保证人民的知情权、参与权、表达权和监督权，满足受众的新闻信息需求，服务受众。

（一）新闻与宣传方式的转变

中央电视台《新闻联播》一向被称为中国的政治风向标和晴雨表，是最具官方色彩、政府形象的节目。2009年6月，《新闻联播》的改革成为中外媒体关注的焦点。外媒对中国国家电视新闻媒体的关注自不待言，它的改版在国内也成为热点新闻。

改版后的《新闻联播》对国家领导人会议、出访的报道有所减少，贴近百姓生活的新闻增多。《新闻联播》改革的启动尽管没有像人们期待的那样有多么大的变化，但如喻国明所说，《新闻联播》正在进入一个区别于以往严肃、拘谨的时代，而变得更为亲民。

拉斯韦尔在他的博士论文《世界大战中的宣传技巧》中认为宣传是现代社会最强有力的工具之一，他把宣传看作"新的社会发动机""事实上所有的政府都在一定程度上从事宣传活动，并把这作为它们在和平时期政府职能的一部分"。由于有的新闻事实具有强大的说服力和宣传价值，因此成功的宣传借由新闻传播活动进行。但新闻与宣传又是不同的，它们的差异有学者归纳为以下六点：①宣传重理念，新闻重事实；②宣传重时机，新闻重时效；③宣传重口号，新闻重信息；④宣传重说服，新闻重服务；⑤宣传可重复，新闻讲新意；⑥宣传讲重点，新闻讲平衡。

作为国家机器的一部分，电视新闻媒体不可避免地承担着宣传任务，但是从传播效果上来看，在现实中还大量存在着不够艺术、不讲宣传技巧的"生硬"宣传，仍然是"魔弹论"的那套思维方式，我传你听、无条件接受，传播者仿佛是高高在上的全知全能者，也一直存在着新闻不新、新闻无闻的情况。

在数字时代激烈的媒体竞争和观众拥有更多信息渠道和选择权的大环境下，如果不能得到他们需要的新闻信息服务，观众完全可以义无反顾地另觅他途。对于那些曾经拥有辉煌但现在收视率每况愈下的电视新闻栏目来说，不变则亡，不变则原来属于自己的那块蛋糕会越来越萎缩。

（二）语态、时政新闻的民生化转变

中国社会主义民主政治的发展，为时政新闻提供了更丰富的报道内容和更宽广的报道领域，党政机关以人为本执政理念的提出和施行，新的政治生态，都为它提供了良性嬗变的土壤和动力。今天，从上到下，各级电视新闻节目在现实的压力下都在努力尝试进行变革。对承载宣传任务的事件与活动进行新闻化转换，从以人为本的人性化理念出发，进行话语语态的平民化转变、时政新闻的民生化变革，为观众带来更好看、更本真的新闻，这无疑是未来电视新闻发展的方向。

1. 话语语态的平民化

著名哲学家李泽厚认为现代中国应重视实用理性，要将道德与政治明确地区分开来。"以经验合理性为基础的实用理性，在告别革命之后，便不可能再回到传统的圣王之道，包括不能要求人民进行思想改造或宣讲道德形而上学来开万世太平。相反，只有在个人自由、平等和现代民主政治的基础上，重视文化心理的健康成长来作为社会发展的某种辅助性资源"。

而中国的电视媒体是国有公营的舆论宣传机构，在过去传播渠道垄断的时候，观众别无选择，但在当今的媒介生态环境下，观众有太多的其他信息渠道可以选择，所以电视新闻传播的转型势在必行，否则观众的流失就在所难免。

而网络新闻之所以对很多年轻、高端受众有极大的吸引力，除了使用自由和可以深度互动外，最为关键的就是因为网络世界的信息传播极为平民化、大众化。在当下的新媒体时代，人们可以通过互联网络获得话语权的极大提升，原来那种居高临下、僵硬空洞的传播方式越来越没有市场。有了吸引力，才有影响力，一个电视新闻节目、栏目或频道皆因其吸引力和影响力在受众中流传，产生好的传播效果。因此，电视新闻报道迫切需要进一步淡化宣教色彩，体现出更多的平民语态、大众视角，由过去的灌输式、指导式、居高临下的宣传教育转变为服务式、植入式、平等交流式的信息传播，以适应新的传媒生态及与之相应的舆论引导新格局。纵观九十年代以来的电视新闻改革，从中央电视台的《东方时空》到江苏卫视城市频道的《南京零距离》、山东电视台齐鲁频道的《拉呱》等，其实一直在改变语态上下功夫，应该说中国的电视新闻一直在努力走平民化之路，弱化"导师"形象，呈渐进性、螺旋式上升过程。

因此，央视新闻改革见证人孙玉胜所著《十年》中的最后一句话是："十年后的今天，电视的语态仍然需要我们继续改造，电视新闻改革仍在路上。又一个十年即将过去，中国电视新闻语态的平民化改革依然任重而道远。"

2. 时政新闻的民生化

让电视新闻变得更亲民，时政新闻的民生化是其中关键一环。时政新闻是电视新闻报道中的核心部分，国家新近颁布的政策法规、重大决策部署，领导人的重要活动和重要会议、重大建设成就等，都是时政新闻所要报道的题材，其内容无不与人民群众的利益息息相关，可以说时政就是最大的民生。对于现阶段的中国来说，民生问题早已超越了改革开放之初单纯对温饱层面的追求，而上升到一种对"安全感"的更高层次的追求，如个人私有财产的保护、食品卫生与安全、环境保护、公共防疫，社会治安、法制建设、社会劳动保障、公共财政……这些问题与社会各阶层的每一位公民息息相关，都属于人们共同关注而又极具根本性意义的公共利益的范畴。

而我们的时政新闻往往存在着表面化、过程化的问题。领导人的活动和各类会议的报道成为时政新闻的主体，而且大多是流水账式的记录，枯燥乏味，缺乏信息量和收视价值，这在一定程度上影响了电视新闻功能的发挥。在媒体竞争激烈、受众主导的数字时代，时政新闻如不能突破，也就难言新闻改革的成功。

（1）报道原则的民本取向

拉斯韦尔在论及宣传技巧时，一再强调对于宣传者来说，最明智的方法是培养把自己想象成宣传对象的习惯，以挖掘所有可能引起他们注意的可能。也就是进行换位思考，从受众的角度出发进行宣传和传播。关注民生，对于一个执政党来说，是为了巩固和扩大自己的执政基础，以实现自己的政治目标，建设和谐稳定、健康发展的社会；时政新闻应该把人民群众关注、关心的方面作为自己的报道对象，秉持"群众利益无小事"、以人为本的报道原则，使民生话题和民本思想在电视时政新闻中得到放大和彰显，体现人文关怀的特征。

而数字化媒介中的民主因素、人性化因素，也有着不可阻遏的摧毁旧习惯的力量，它无形中也会迫使电视时政新闻朝着民本和人性的方向转型。这种以人为本的取向，可以使电视传播更具亲和力和人情味，可以巩固、扩大和发展自己的受众群体，更好地实现媒体自身的价值和使用价值。

（2）报道内容的人物化、细节化

在数字化环境下，电视时政新闻更应做到用人物说话、用细节说话，因为人物的经历故事、言谈表情、举手投足间的细节都是增强时政新闻可看性的重要元素，也是电视新闻报道扬长避短、发挥自己影像优势的着力点。英国传播学家麦奎尔说过，新闻因"人"而生动，抽象的主题予以"个人化"，可以让新闻更为鲜明而具体，受众也会对其更感兴趣。

2008年，陕西电视台新闻专题《寻人启事周末版：寻访西安承包国营餐厅第一人》就是践行"时政报道民生化"理念的佳作。新闻的主题是反映改革开放以来的成就和变化，这种成就报道是时政新闻的一种类型，容易流于概念化的宏大叙事。而这期节目从个人的人生故事来说明改革开放给中国百姓带来的传奇经历。上海饮食学校毕业在西安绿波廊餐厅当厨师的包涵，1986年承包了西安的一家国营餐厅，给西安的餐饮业带来了一些时尚元素，他也是西安承包国营餐厅第一人。在赚取人生第一桶金之后，他又回到上海创业，成为估值40亿的上海南江集团董事长。这个新闻专题以轻松新颖的方式发出人物搜索令，进而调动观众提供新闻线索多方寻找包涵的方式极具悬念感和趣味性。同时巧妙利用22年前的新闻资料，通过从厨师到亿万富翁的转变对比，借包涵之口讲出改革开放使个人可以"根据你的意愿去发展""我们享受了改革开放的成果"，反映了改革开放以来国家产生巨大变化的深刻主题。所以最终才有了意想不到的传播效果："节目播出后不仅取得了很好的宣传效果，而且还取得了相当高的收视率，实现了社会价值和经济价值的双赢。"

因为现实生活的本质往往是由一个个细节组合成的，所以常常淹没在一些不易为人注意的细枝末节中，不经意地出现，又转瞬即逝。所以对于电视新闻来说，"不是去创造想象细节，而是如何去选择捕捉那些具有表现力的、能深入本质的、能深入人的内心世界的细节"。细节的呈现则是对现实情景的直接"还原"，小的细节带给观众的是身临其境的感觉和体验，比宏大叙事更加富有人情味和感染力。由于细节形象生动，具有刻画人物性格、传达人物情感的力量，在揭示主题和表达人物的细腻情感上具有很大的视觉价值，附着于其上的意义能更好地被观众直观地感受到，从而强化对新闻的理解和记忆效果。而且表现细节正是视听结合、形神兼备的电视新闻传播的优势。所以在电视时政新闻的报道中，应抓住现场发生的细节，用细节说话。

只要时政新闻记者注意感悟和捕捉日常生活中的细节，善于抓拍新闻事件中与主题有关的细节，就能改变时政新闻"说教面孔"的印象，使时政新闻出新意引人看。可以说细节使时政新闻插上灵动鲜活的翅膀，细节也使时政新闻更有故事性和吸引力。

总之，在电视时政新闻报道中要做到主题报道事件化、事件报道故事化、故事报道人物化、人物报道细节化、细节报道人文化，与电视新闻报道长于形象和过程、短于理性和抽象的特点相契合。大的主题从小落点切入，大事件中关注小人物的命运，以小见大，见微而知著，这是电视时政新闻淡化宣教色彩的切实之举。

（3）报道风格的去程式化

在时政新闻中，会议新闻报道所占比重很大。而长期以来我们的电视新闻会议报道不同程度地存在着程式化、模式化的问题，电视新闻中最具优势的画面语言却被单调的会议画面充斥，直接影响了传播效果。电视会议新闻报道必须摆脱程式化，增强可看性。

其实在各类会议中蕴藏着丰富的信息资源，而且绝大多数会议都与百姓生活密切相关。应该了解会议中哪些内容是百姓喜闻乐见的，哪些内容应该有所简略，甚至忽略，哪些是真正有报道价值的内容，以及如何去发掘和表现它。长期以来会议新闻之所以得不到群众关注，很大程度上是因为重要的、人们关注的信息被程式化的报道方式所淹没。

要使时政新闻民生化，作为媒体人应把会议视为新闻的"富矿"，对会议资源的挖掘是衡量记者、编辑综合能力的一把重要标尺，它要求时政记者和编辑具备较高的政治素养、新闻敏感性以及对新闻事实的发掘力。

现在一般的会议报道则把着眼点放在了会议本身，缺乏鲜活的有价值的新闻信息。故会议报道改革的指导思想，最为关键的就是减少程式化报道，在深入了解会议召开的背景和所蕴藏内涵的基础上，细心解读会议，从中寻找和发掘受众关注的新闻点，突出与百姓生活、群众利益相关的信息，增加会议新闻的信息量，从会海里"淘"出有新闻价值的好新闻，尽量让受众从中获取尽可能多的信息，而非空洞无物的空话、套话，同时充分利用数字技术改变刻板、老套的报道方式。

（三）凸显现场，致力于新闻服务

数字化和网络化允许媒介组织之外的普通个体参与到新闻传播中来，成为新闻生产和传播大军中的一员。当前每个人都可以在互联网上办自己的"报纸"，开办自己的"电台和电视台"，空前的自由表达带来了众声喧哗，生产的是良莠不齐、各色杂陈的"信息自助餐"。但众声喧哗的参与式传播不能很好地实现新闻的传播，这时更需要有影响力、有专业精神的机构给我们提供更精确、更全面的"信息营养套餐"，否则，我们会被海量的信息淹没。

也就是说，在多媒体崛起的数字时代，专业的新闻机构更要承担起媒体的使命，电视新闻传播将越来越多地扮演"公共交流平台"的角色，并越发要以专业素质和水平彰显自己的专业精神，服务于公众。

传媒的专业精神即学术上的"新闻专业主义"。中国人民大学教授陈力丹认为其内涵不同于政治权力对传媒的要求，也不同于市场经济行为对传媒的要求，而是一种服务行业的专业化意识、一系列职业规范，以及评判标准。传媒专业精神既包括专业知识和技能的良好呈现，也包括对本专业内部工作规范的严格遵守与自律。电视媒介的特殊性，对电视新闻所应具备的专业精神有着更多、更高的要求。从业务层面来讲，这种专业精神对电视新闻媒体来说最重要的是充分发挥电视媒体的优势和特色，基本上表现为凸显现场、致力于新闻服务。

基于电视这一媒介的特性，电视新闻需要影像和同期声，那么就必须到现场去摄录。电视新闻需要"现在的新闻现在报"，那么电视人就必须不仅到达现场，而且还必须在现场把新闻传送出去，即用电视直播的形式传递电视新闻。而不像文字新闻工作者那样可以电话采访、回来写稿，只要在截稿时间前修改润色完成就可以。专注于凸显现场应是电视新闻现在和将来的核心竞争力和竞争优势。

"观众要看有现场的新闻，无论政治变故、重大活动，还是自然灾害、安全事故，希望有记者到现场'陪'他去看、去听、去闻、去摸、去问。"

电视新闻媒体的直播理念和运行机制都应以现场为核心，打造一个开放式的信息集合直播平台，对新闻事件进行及时均衡、全程动态的跟踪报道，致力于新闻服务，为观众提供他们欲知应知而未知的全方位的、及时有效的信息。

1. 直播常态化通达现场

CNN创始人特纳曾经说过这么一句话：新闻才是未来电视竞争的真正战场。那么这个战场的主阵地就是新闻现场，电视新闻的专业精神首先强调在新闻现场生产新闻，即对"直播常态化"的践行。同步记录、同步传播正是电视媒介的重要特性，是电视的本体语言。

电视的早期都是直播的，磁带录像机的诞生使电视全面走向录播。但对新闻而言，录播只能是"罐头"，而直播才是"鲜肉"。"如果没有直播，在当代大众传媒里，电视则不如电影宏大清晰，不如报刊细腻周到，不如广播灵活便利。"

现场直播是最能体现电视新闻传播特性和优势的传播方式，数字时代的传播技术，方便快捷的视频连线，及应运而生的全国电视新闻直播联盟的建立，使直播可以在国内外的任何一个角落迅即开始。借助于SNG、海事卫星等技术，直播近乎实现观众与新闻事件现场的"零时差"，展示给观众的是正在发生的即时的报道。直播还几乎实现观众与新闻事件现场的"零距离"，观众能够跨越千山万水，跟随电视镜头进入核心现场，获得"我在场"的感觉。而且直播是对事件发展过程的连续记录，是向未知取材的，其如何进展是不可预测、富有悬念的，这就能够调动观众的探究心理和参与欲望，使他们在时间和心理上都与正在发生的事件保持"同步、共进"状态。"电视新闻就是 live"在国外已司空见惯，已成为一个电视新闻传播定律，其核心价值理念就是摒弃传统的对发生了的新闻进行报道的"整理型"新闻制作理念，向对正在发生的新闻进行报道的"直播型"新闻制作理念转型。从一些知名电视新闻媒体的成功崛起可以看出，对于重大新闻事件的直播报道是迅速提升媒体形象、促进自身发展的良机。在我国，自被称为"电视直播年"的 1997 年之后，直播这种电视新闻传播形态越来越为观众所熟悉。而直播常态化这一曾经的趋势性命题和畅想，到 2008 年的"5·12"汶川大地震报道中变成了现实。

以中央电视台为例，2008 年 5 月 12 日 14 时 28 分地震发生，中央电视台新闻中心 14：58 在多方信源求证后确认了消息的真实性，其新闻频道在 15：00 的《整点新闻》中以头条播发口播新闻，15：20 打破正常节目播出次序，开通直播窗口，推出直播特别节目《关注汶川地震》，调动正在成都做奥运火炬传递的中央电视台记者和相关省市地方台的记者，进行 24 小时不停机的现场直播。随后几天，中央电视台新闻、综合频道和中文、英语等国际频道先后中断正常节目，推出持续近 20 天的直播特别节目，全程跟进报道抗震救灾。在这一重大事件中，直播成为主流的报道形式和节目形态。

电视现场直播报道更容易成为人们的第一依赖、第一选择、第一信息源。与现场直播形成的高密度信息流相比，一般消息类的报道模式只是提供了零碎的信息，尤其是在事件初发、现场状况不明而信息需求迫切的时候，观众更为关注的是获取大量即时的信息。如果像以前所做的那样有了一定的结论或结果或相关信息成型后再组合发布，虽然有了深度和厚度，但也就违背了观众的心理需求。

作为一个城市电视台，齐鲁电视台也提出了"break 新闻"的概念，并形成了系统化、常态化的报道程序。遇到有新闻价值的不可预测性和突发性重大事件即打断正常节目顺序和编排，对这些事件的最新进展进行现场直播，这是与国际惯例接轨的一种新闻理念。例如，"产妇董明霞急需稀有的 RH 阴性血；潍坊滨海开发区的海化集团发生次氯酸钠罐体泄露，几十名工人和附近村民出现中毒症状；11 届全运会场馆——济南奥体中心正在施工的一个体育馆顶部发生大火；滨州博兴全民健身广场一个在建的游泳馆在浇铸水泥过程中顶部突然坍塌，18 名建筑工人受伤"这些新闻事件突然发生时，齐鲁台都紧急中断了正常的节目播出，插播相关报道或进行现场直播。这种直播的常态化使电视新闻传播通达现场，在现场意识的驱动下向新闻的本质回归。因为新闻首先就是对动态的正在发生的事实的报道，并通过信息及时有效地传递起到社会守望和环境监测的功能。

但需要注意，直播常态化不是为了直播而直播，也不是只有大的突发事件发生或一些可预设的媒介事件（如比赛、"两会"等仪式性活动）发生时才去直播，而是要以贴近性为建构媒体议程的主要诉求，选择那些有直播价值和直播必要的、正在发生的、与民众生活密切相关的、具有充分贴近性的题材，让符合这些要素的选题进入常态性直播的视野。

2. 直播人性化还原现场

对受众需求的满足是媒介演化的动力，也是媒介人性化的核心。媒介人性化即从以受众为主体来进行传播，它的主要内容包括媒介对受众使用信息的人性化满足和对受众使用媒介工具的人性化满足。数字化平台上人类的传播技术越来越完美，越来越人性化。借助于现代传播技术的电视直播则能够人性化地还原现场，充分满足和尊重受众对新闻现场的信息需求，同时使受众可以通过手机、网络等新媒体平台参与到新闻事件的直播中来，与受众平等对话，尊重他们的话语权，从而满足受众使用媒介工具参与、互动的需求。而"媒体话语权是社会公众话语权的体现，只有在公众话语权的基础上才能形成媒体话语权"，所以只有充分尊重受众的话语权，媒体才能提升自己的话语权。

拉斯韦尔较早就提出媒介具有环境监测功能，能向个人或组织提供关于环境变动的最新信息，他形象地把大众媒体比作"哨兵"。传播学家施拉姆则把媒介比作"社会雷达""环境监测的原始动机来源于安全需求，人们需要随时注意周围的环境对自己的深层影响。"尤其是在突发性灾难事件中，人们非常关注灾难的有关信息，希望在第一时间获知，并据此判断亲朋好友的安危、自身的处境和作为。

过去许多的经验和教训告诉我们，"信息不畅是谣言和恐慌产生的温床，只有及时、权威的信息公开，才能给公众稳定和理性的预期"，信息必须公开、透明、畅通，这是公民享有知情权的前提，而知情权是民主社会公民的基本权利之一。而且在当前的媒介生态下，信息不可能被封锁与禁闭，电视新闻不报，人们也能通过手机和强大的网络信息传播得知真相。

在 2008 年的汶川大地震中，中央电视台、四川卫视等电视媒体都在第一时间派出自己的采访报道队伍，将现代的电视技术与数字技术结合，用直播这种最具电视特点和最能发挥电视优势的方式，实现演播室主持人和现场记者双视窗、多视窗的对话，反映不断变化的灾情及救灾进展，直击现场，滚动直播，报道灾情、民情、舆情，记述灾区对生命的大营救，用人际传播方式来加强电视媒体大众传播的效果，这不仅加大了单位时间内的信息含量，而且也增强了节目的现场感与交流感，带给观众的是第一时间、第一现场的冲击力和全方位的信息。地震直播使灾难的残酷与惨烈、人类生命的脆弱与坚强、互助友爱和坚韧不拔的人性光辉第一时间以原生态的面貌呈现在公众面前。

赵化勇对汶川大地震直播的感受是："电视媒体能反应多快就有多快，灾情有多严重就说多严重，伤亡多少人就报多少人，工作进展到什么程度就说是什么程度，遇到困难是什么就说什么，不迟报、不瞒报、不掩饰、不夸大，使全国观众第一次通过电视，真切地看到人类与时间赛跑抢救生命，与灾害斗争的惊心动魄的过程。"

这些第一时间发布的客观、高效、平衡、透明的信息，满足了观众此时急于快速、全面了解地震灾区信息的渴望，卫星视频实况报道让人们感同身受，产生了巨大的感召力与凝聚力，掀起全民的抗震救灾热潮。也正是这种人性化的直播报道，让全世界看到了中国政府的新形象和执政能力，看到中国人民的团结和人性的光辉。电视媒体也在这次直播中赢得了很高的声誉，巩固了电视的媒介地位，也使电视新闻传播成为整个救援行动中的一个重要组成部分。

电视直播的人性化还体现在要充分利用网络、手机、电话、民间 DV 等传播手段的优势，以及兼容报纸、广播等媒体的信息，组成综合互动的信息系统，增强自己的传播能力，同时使受众也能够参与其中，而不只是让他们完全被动地接受传播。受众有话要说，那么给受众搭建一个说话的平台，发短信、跟帖、Call in、QQ、MSN 等都可利用，甚至可以单独开辟版块供受众发表言论。如在汶川大地震中，中央电视台借助手机、互联网与受众开展互动，地震使许多灾民与亲人失去联系，中央电视台财经频道与央视网 TV 大社区联合开展寻亲行动，各种求助信息会被选在中央电视台财经频道的《爱心联播》栏目中，并承诺一旦有留言者亲人的信息就会与之联系。山东电视台齐鲁频道的《齐鲁开讲》是中国内地第一个 Call in 节目，每期都根据最新出现的有争议性的新闻事件或热点社会现象，设置观点对立碰撞的话题，邀请对立双方的代表人物（双方各有一名当事人、专家、普通市民）展开争论并予以现场直播。场内外观众则可利用 Call in 系统投票的方式来表达自己的观点和立场，参与辩论，影响最终的辩论结果。这档栏目通过直播还原了不同观点交锋的激烈过程，为民众提供了一个自由表达意愿的空间，同时为政府决策提供了极具价值的民意参考。如济南市交管部门曾计划在城市主要道路禁止摩托车行驶，并计划召开听证会，《齐鲁开讲》就此话题展开讨论，并请来将于次日参加听证会的两名对立意见的代表和各自的支持者进行现场辩论，结果节目一开始，反对"禁摩"的票数就以压倒性优势领先，场外观众的积极参与致使每分钟可打入 3000 个电话的投票系统瘫痪。最终，交管部门取消了第二天的听证会，"禁摩令"也不了了之。安徽电视台经济生活频道《帮女郎帮你忙》栏目则在合肥市的百盛广场设置了一个可 24 小时录制的自动录像亭——说吧，市民可以通过自动录像展示才艺、表达祝福或一抒胸臆，自由表达，录制片段有选择性地在节目中播出。这些互动手段都有利于观众的参与和表达，是对观众话语权的尊重和满足。

3. 出镜记者启动现场报道

出镜记者在事件现场进行报道的图像和声音，和以往由播音员口播或解说词配音的"近来""一个时期以来""近日"等缺乏时效性的字眼，带来的是截然不同的传播效果。这是因为现场是流动着生命质感的"场"，出镜记者以"我现在是在 ×× 现场""这里刚刚发生了……""我们在现场看到……""我们正赶往 ×× 地点"这些具有紧迫感、急促性的导语来强化现场感，启动对新闻事件的现场报道，并"引领"观众进入新闻现场，这种拟人际传播更利于实现电视新闻传播的人性化。

记者是一个行动者的职业，而行动的目标就是现场。贴近实际、贴近生活、贴近群众的"三贴近"原则是新闻报道的活力与魅力的源泉，也是新闻报道最本质的价值和意义所在，而要彰显这种价值和意义，深入现场、到达现场是最主要也是最佳的方式。只有到了新闻现场、身在新闻现场，去亲身感受和体会，才会获得有价值的新闻事实，才有发言权，采制的报道才有可信度。不论是国际还是国内的新闻竞争，最重要的角逐就在大大小小的新闻现场，记者到了现场，面对摄像机发出自己的所见、所闻、所感，就意味着他所在的媒体对这一新闻事件拥有了话语权。"新闻发生时，我在现场"应成为电视新闻记者和电视新闻媒体孜孜不倦的追求目标，也是电视新闻媒体公信力的立身之本。在一些突发事件中，记者能够想方设法赶赴现场，在没有任何预设的节目流程和资料背景下启动现场是十分必要的，这时的现场记者，就成为媒体精神和形象的代表。

凤凰卫视因"9·11"的及时直播而声名大振，它的出镜记者也因一次次的现场报道为人称道。无论是勇闯巴格达战火的闾丘露薇，还是在别斯兰枪林弹雨中抢新闻的卢宇光及在汶川大地震中深入灾区采访的陈晓楠和胡玲，在重大新闻事件发生时，这些出镜记者给观众留下了深刻印象。

但在不少新闻事件的现场报道中没有出镜记者出现，或者即使有出镜记者，所选择的出镜场所没有特色和典型意义，不能代表新闻现场的"这一个"，这种问题在我们的电视新闻现场报道中仍然屡见不鲜，这就无法起到出镜记者呈现现场与启动现场的作用。

另外，值得注意的是记者启动现场后，就应该适时退出镜头，让现场成为主角。因为电视新闻直播是现场的直播，而不是对记者的直播，这也是对观众新闻信息需求的尊重。当直播前期记者刚刚抵达现场，所拍摄素材难以及时传回后方进行编辑整理时，来自前方的信息可以连线口述。但随着直播的深入，记者的连线就不应该再频繁、大量地使用，特别是在直播新闻现场时，如正在抢救一个被埋的地震幸存者，整个直播过程却是以记者的叙述为主体，而真正的主角——新闻现场反而成了次要信息，那么从观众的角度看，记者在现场的这种过于积极的介入行为，反而成了观众充分获取现场信息的障碍，而不是帮手。既然是现场直播，展现给观众的就应该是一个包括环境形象、声音、氛围等更多现场信息的整体性时空。1947年电影大师 D. W. 格里菲斯针对当时好莱坞漠视自然美的倾向呼吁电影要着力表现"阵风吹过树林时的美"，即影像要善于捕捉和记录事物运动的状态，以记录现实影像为主要只能的电视新闻则要去关注和体察正在发生的、运动变化着的事物。

此外，出镜记者在拍摄采访过程中职业角色过于"积极"不仅有"抢镜头"之嫌，还有可能表现得不够"以人为本"，带有较重的功利色彩，从而带来一些负面影响。如在 2008 年的汶川地震灾区为了发回报道，有些记者为了完成采访任务，有时不顾灾民心理的承受力，对受伤者和失去亲人的幸存者生硬地追问。也许这些做出不当之举的记者并非出于恶意，也许他们是抱着神圣的职业追求在灾区吃苦受累，但作为媒体人应该在这样的电视新闻直播中有更多的人文关怀和思考，用自己的眼睛和摄像机镜头去客观观察和记录社会群体和个体因为突发事件而被改变的生活，而不是"侵略性"地介入事态。所以克制性采访的呼吁出现在了媒体中，"尽量绕过那些显而易见的、可能因采访而生的人造伤痛，须臾不能忘却采访的'人性化视角'"，因为对伤痛者的体恤和慰藉，更能体现出一个媒体的道德准则与人文关怀。

二、紧跟时代发出自己的声音

新闻是时代的晴雨表，是时代的真实记录者和推动者，具有强大的社会动员能力。在保障人民享有和行使知情权、参与权、表达权、监督权等方面，电视新闻传播必须承担起自己应有的不可推卸的社会责任。话语权掌握在谁的手里，谁就决定了社会舆论的走向。在新兴媒体已然大大分割传统媒体话语权的媒介生态下，电视新闻媒体必须变被动为主动，突破一切阻碍自由表达的束缚，大胆而谨慎地扩张自由话语空间，发出自己的声音，在国内和国际传播中提升自己的话语权。

（一）电视新闻媒体的时代背景

20 世纪 90 年代初，中国的市场化进程加快，在转型期的中国，与之相伴而生的中国电视新闻的功能图景并不乐观。

1. 从计划经济体制向市场经济体制的转型

改革开放以后，我国即开始从计划经济体制向市场经济体制转型，这是社会经济层面的改革。哈耶克认为，由政府集中控制的经济不但低效，而且会导致集权，其结果是人民权利和自由的丧失。而市场经济与计划经济最大的不同是，将每个人的社会发展的选择权交还给个人，即每个人生存发展的质量相当大的程度上由个人选择和判断，以及基于这种选择和判断的社会操作来决定。

这种选择和判断的前提必须建立在每个人对社会发展与变化、对社会事务的管理与政策运行充分知情的基础上。信息不透明、不公开、被遮蔽造成信息缺位，人们就很难做出正确的选择与决策。与此相对应，在以市场经济为主导的社会，新闻媒介最为根本的使命就是要保障人民群众"知的权利"的充分实现，维护和保障人民的利益。

需要关注的是，我国在从计划经济体制向市场经济体制转型的过程中，经济得以高速增长，但同时有很多的摩擦和博弈，社会矛盾和社会冲突产生，可以说市场化推进的过程也是社会矛盾和冲突此起彼伏的过程。当代杰出的政治学家亨廷顿也指出，一个高度传统化的社会和一个已经实现了现代化的社会，其社会运行是稳定而有序的，而一个处在社会急剧变动、社会体制转轨的现代化之中的社会，往往充满着各种社会冲突和动荡。社会矛盾和冲突的高发期，同时也是公共事件的高发期。正因为如此，有学者称："中国有世界上独一无二的新闻富矿。如果你是中国媒体人，只要你有足够的准备，你这辈子肯定有机会挖到富矿。"

这样的蕴含"新闻富矿"的社会状态一方面会成就一个媒体，因为媒体与公共事件之间存在着密不可分的关系，公共事件是由媒体推动的。一个事件发生后，如果没有媒体参与，就不可能成为真正意义上的新闻事件，也就不可能借由媒体通道进入公众视野，不可能把它跟公共利益相联系，那么这一事件背后的普遍性也就不可能被发掘出来，就不能称其为公共事件。从另外一方面讲，媒体也必须有所担当、有所作为，担起公共话语平台、社会公器这一光荣使命，才会把这个"新闻富矿"中的宝藏挖掘出来。

2. 当下电视新闻的功能图景

随着中国社会转型的深入，公共问题及社会矛盾时有产生，由此激发了社会不同群体对于公共生活的关心，公众的公共意识日益强化。其中一个突出的表现就是因网络而起的媒介事件频发，"从 2003 年的每年几起，到 2007 年的每月一起，进入 2009 年，更是每月都有几起重大网络事件"。这些事件因网络而起，经由无数网民的推波助澜而产生很大的社会影响。由此，网络监督越来越成为常态，舆论监督的阵地主要转移到网络媒体，此起彼伏的一桩桩公共事件吸引了越来越高的关注。

1948 年，拉斯韦尔在《社会传播的结构与功能》中提出了大众传播的三种基本功能，即监视环境、协调社会以及文化传承。这三个功能主要是从政治学角度着眼的。1959 年，查尔斯·赖特又从社会学的角度，为其补充了"娱乐"

功能，由此形成了传播学中经典的大众传播四功能说。有关新闻在整个社会系统中应具有的功能，传播学、新闻学和社会学界虽有多种提法，但基本上可概括为告知、宣传、监督、娱乐、教育、沟通等功能。

但是同样由于转型期独特的政治、经济环境，我国的电视新闻却成了在政治场域和经济场域左右下的"跛行者"，有人描述出了这样一幅当下电视新闻场域功能的画像：电视新闻场域在近20年来快速向经济场域滑动，呈现在当下现实电视新闻实践中的图景是，"告知"功能过半不前；"宣传"功能盛极而衰；"教育""监督"功能日渐萎缩；"沟通"功能方生方灭；"娱乐"功能大行其道、高歌猛进。

在这样的电视新闻现实图景中，电视新闻传播中商业因素的侵蚀使舆论监督畏首畏尾，瞻前顾后。如果让经济利益腐蚀媒体的"话语权"，那无异于自掘坟墓。舆论监督是电视新闻媒体的重要职能，也是电视媒体树立公信力的重要手段。如果电视媒体过多正面报道而少有舆论监督，或被动地跟在网络监督的后面亦步亦趋，长此以往电视媒体就会失去公众的信任而被冷落、被边缘化。这样更是把本该属于自己的那份话语权拱手让位于网络媒体，这是虽然残酷无情但必然导致的结果。

尽管人类有追逐娱乐和经济利益的天性，但人类也有保持冷静和良知的理性。面对这样的失衡与倾斜，我们当前要做的是必须使电视新闻传播恢复正常的功能生态图景，担负起监测环境、守望社会的首要功能，改进舆论监督，强化新闻评论，在多元化的传播渠道中发挥其作为公共服务的基石和中坚的作用。

处在由传统社会向现代社会转型期的中国，随着市场经济和社会民主化进程的不断推进，普通民众有了更多的关于个人和集体的决策机会和决策权力，而信息及时充分的获知和意见的充分表达是正确决策的前提条件。所以，承担起社会环境守望者和公共话语平台提供者的双重角色功能是当下民众对媒体的首要期待。

电视新闻传播只有敢于追踪百姓关注的热点，敢于正视社会存在的难点，积极进行议程设置，改进舆论监督，引导主流舆论，特别是对民众关注、关心的重大和突发事件发出自己的声音，才能使电视新闻媒体掌控话语权，赢得主动。

（二）改进舆论监督，强化新闻评论

由于数字时代信息的海量与易得，大量的频道和来自更多渠道的新闻使受众被分化和分割。要在国内外电视新闻媒体竞争中有一席之地，除以专业素养来整合资讯，在新闻报道上做到快速、准确，在新闻背景上做到全面深透，在资讯服务上做到周到、细致外，最为关键的是要改进舆论监督方式，强化新闻评论，在国际、国内新闻传播中发出自己独立而且独特的声音，以引导舆论，让观众更好地把握一个新闻事件，更清晰地了解和思索事实的前因后果，并为他们的生存发展提供参照，充分履行电视新闻媒体的功能。

例如，2009年12月24日中央电视台新闻频道《共同关注》播放了新闻《水价听证会屡现怪状惹争议》，报道了银川、哈尔滨、济南等地在举行水价上调听证会的过程中，代表身份问题上的一些怪现象，如听证会代表缺乏代表性和公开性、代表身份涉嫌造假、代表会上打瞌睡"不听而证"等，本来听证会是听取民意、达成民主的一个很好形式，但离开严格规范的程序保障，好形式就变成了走形式。而通过走形式所获得的虚假听证结果，是对公众的欺骗。所以节目随后配发短评《人民为何总是被代表》，指出代表身份问题显示出了价格听证制度存在着缺陷，因为这种听证会根本无法充分反映民意。价格听证制度需要进行调整，国家应该出台听证会代表的遴选规则，改变各地民众屡屡"被代表"的现象，只有这样才能在最大限度上满足公众的需求，才能让制定出的水价"不水"。这则短评从维护公众利益和民主制度出发，简短有力，切中要害，代表了媒体的立场，也代表了民众的心声。

电视新闻媒体要发出自己的声音有两层含义。其一是在必要的时候，尤其是在关键时刻要敏于、敢于发言，进行舆论监督，表明自己的态度和立场，以此树立媒体自身的新闻规范和新闻标准，体现出敢于负责任的媒体的品格。其二是指在采集、传播海量新闻信息的同时，要主动及时地对大众关注的新闻事实进行有分量的议题设置，做社会舆论的领航员和组织者。只有在上述两个层面都发出自己的声音，电视新闻媒体才能真正有竞争力，才能在激烈的媒体竞争中立于不败之地。

而当前电视新闻媒体的现状却并不乐观，在话语表达上，还存在着诸多不足和缺位。这种"不足""缺位"折射的就是电视新闻还未能适时地发出自己的声音，还没有真正发挥自己的社会守望和环境监测的功能，从而让更多的社会问题变成议题、让底层呼声被更多人听到、让公共政策被更多人讨论，真正传递公众感兴趣的信息。

数字技术将有助于满足消费者对更个性化的信息日益增长的需求，可是它们不能消除人类对判断、分析能力的需要。这是因为人类生存与发展的外部世界浩大复杂、变化不定，凭一己之力人们很难认清。因此李普曼提出"人们不是根据客观现实来采取行动，而是根据'他们脑海中的图景'采取行动"。在现代媒介社会中，这一"脑海中的图景"除靠亲自体验获得外，大部分是由大众媒介建构的。传播学的涵化理论也认为，大众媒介对受众的认知具有潜移默化的效果；其所提供的符号世界是塑造受众认知、信仰以及行为的重要力量。

面对转型期中国社会生活的复杂与多变，信息转换和更新的频率及速度大大增加，信息迷航极易发生，人们更加需要新闻媒体为自己生活中的决策和判断提供权威观点。而一些新闻只是表象的、孤立的报道，难以让受众对事物有全面而深入的把握，这时对信息的分析解读，对问题来龙去脉的分析梳理，对事件进程的预测监控等，比信息本身显得更为重要。如果新闻报道仅仅停留在陈述事实的层面，就很难帮助观众解疑释惑，提供决策依据。新闻不再单纯依靠资讯的初级加工取胜，而是转变为对资讯的传播价值进行深加工，创造它的高附加值，依靠观点和立场吸引、争夺受众。长期以来，中国电视新闻媒体一直缺乏自己的观点和言论，评论在电视新闻家族中始终是一个弱项。而一个海量信息加深度观点的电视新闻时代已然来临，电视新闻传播对重报道、轻评论的传播范式进行改革，向既重资讯服务又强化新闻评论的传播范式的转型势在必行。

这种转型并不是把纸媒上的评论简单照搬，拘泥于单一的节目形态，而是新闻报道与新闻评论两者共生。评论应该是一种内容，而不应该是一种形态，从新闻栏目中的互动板块到现场直播中的时空连线，都可以加入评论，述评结合，依托事实的叙述展开评论，把事实性信息与意见性信息节目整体传播，综合调动感性形象与理性思维，方能生动而有力，也会加深观众对正在发生的新闻事件的理解。如江苏电视台《江苏新时空》和深圳电视台《第一现场》都把原来单独设立的评论节目打包进栏目，实现新闻评论与新闻报道的无缝链接，从而提高了电视新闻评论的传播效果。评论的加入还可以连接场外观众，实现互动。广西电视台《新闻在线》在60分钟的直播过程中，辟出四个时段插入"新闻即时评"，供观众发表见解，使观众通过短信平台即时对播出的某则新闻发表看法，点评事件。强化评论应从以下三个方面入手。

1. 强化新闻评论，建设评论员队伍

当下的媒介生态中，想占有独家新闻已越来越难，能否传递独家观点则成为媒体竞争的核心领域，即不同媒介之间的新闻竞争，与其说是对新闻源的竞争，不如说是对新闻解释权的竞争。如何分析、解释和判断新闻事实已然成为媒体竞争的焦点，这也正是评论员在传播领域的价值所在。那么，对新闻事实的报道和分析是否具有独到的眼光、是否拥有多元的视角、是否获得了有价值的背景、是否得出了准确的判断，就决定了它是否能够取信于受众。比利时布鲁塞尔自由大学媒介社会学中心主任汉斯·韦斯特拉滕教授认为，在现代社会传媒应该提供尽可能宽广的解释框架，以便公民能够知晓他没有选择的方案是什么。如以观点制胜的福克斯新闻频道，它的新闻分析观点多样化，大大丰富和拓展了话语空间，吸引了那些对主流媒体报道方式厌倦了的观众，并且用自己提供的多样的观点反复地撞击观众内心绷得最紧的那根弦。由此福克斯建立起了非常清晰的频道形象，每每在大事发生后，即使人们收看了其他有线新闻网或报刊的新闻，他们仍然会选择收看福克斯的新闻分析。

评论是媒体的旗帜和灵魂，代表着媒体的立场和价值取向，其重要性需要强化。近年来我国的电视新闻评论已开始受到重视，中央电视台的新闻评论在各类节目形态中所占比例也在大幅增加和强化，评论的常态化、即时化成为一种趋势。以新闻频道为例，从最初的《央视论坛》《社会记录》《360度》，到后来的《新闻1+1》，改版后的《东方时空》；从《新闻联播》增加"本台评论"，《新闻30分》增加"编后语"和"本台短评"，到早前的《中国周刊》、现在的《新闻周刊》和《世界周刊》的不断革新；这些观点类、评论类节目都显示出电视新闻改革的方向和路径，即在提供整合性的服务资讯的同时，着力打造自己权威的媒体立场和客观理性的媒体评论，寻求信息"第二落点"和第一解释权。其他如《今日观察》《第一时间·王凯读报》《朝闻天下》《共同关注》等新闻栏目中也都穿插着观点性评论。白岩松以中央电视台首个新闻观察员的身份深度解析新闻事件，《新闻1+1》也成为中央电视台第一个拥有自己评论员的节目。指点江山，激扬文字，深入浅出的语言，独特的角度，敢于直面事实并直言不讳，成为白氏评论的标志性特点，也使《新闻1+1》成为电视新闻向强化评论转型的成功范本。

各种评论性节目从宏观角度来讲，对于电视媒体争夺新闻第一解释权、在观众中形成权威影响、吸引高端观众群体至关重要。而从操作层面来讲，评论类节目相对成本较低，且时间长短较为灵活，能够起到调节时段的作用。

那么，对电视新闻媒体来说，一支高质量的专兼职评论员队伍，能对各领域的新闻事件发出媒体自己的声音，对展现深度话语的力量具有重要的作用。因此，加强评论员队伍建设，既是媒体市场竞争的需求、观众的需求，更是媒体舆论引导能力的战略需求。

新闻评论员是意见性信息的表达者，这种表达是基于其对某一新闻事件或社会问题相关意见的集纳、加工、整理和评判，找到专业化和大众化的平衡点，以群众喜闻乐见的方式进行表达，担当起意见领袖的角色。

　　"在一个纷繁复杂的时代做新闻评论员，最需要的是勇气、敏感和敏锐，还有预判和方向……我不会总去说一些人们觉得好听顺耳的话，有些事情是要有勇气挨骂的。"

　　白岩松对自己新角色的认知道出了新闻评论员这一特殊行当的职业素养要求。对新闻事实有独到的见地，能够站在舆论的高地和前沿进行话语表达，敢于说话、敢于表达观点，所表达的话语和观点不是隔靴搔痒的泛泛之谈，而是善于击中社会绷得最紧的那根弦，这是对新闻评论员最重要也是最根本的要求。新闻评论员应该德、才、学、识兼备，所谓"德"，指的是进步的价值观、正确的政治立场和文明的道德观念；所谓"才"，包括文才和口才，评论员要笔走龙蛇，口吐珠玑；所谓"学"，指的是评论员对新信息、新知识孜孜不倦地汲取；所谓"识"，是指评论员的思维能力和理论深度。

　　同时新闻传播领域的独有规律也要求新闻评论员做到"四个把握"，即把握新闻的本质、把握观众需求、把握观众愿意接受的评论方式、把握言论的空间与环境。

　　新闻评论若要达到应有的深度、厚度和锐度，给予电视新闻评论员一个相对自由的评论空间，使他们能够各抒己见、畅所欲言，这一点是十分关键的。凤凰新闻评论之所以赢得了观众的喜爱，很大程度上是源于这种评论空间的灵活性和话语的多元性。新闻是动态的，每个评论员又是独立思考的个体，如果设置条条框框规定什么话必须说什么话不能说，规定评论员不准说错话，那么新闻评论就会失去它应有的锋芒，变得机械僵化、了无生机。

　　当然，不同电视台的频道定位不同，承担的媒体责任不同，在发表新闻评论时的空间和灵活度也有所不同。这就需要评论员能够灵活掌握、明确所在媒体的定位，使评论既精彩、有吸引力而又不造成大的负面影响，这就牵涉评论的度的问题，也可以说是评论的艺术。

　　对新闻评论员来说，在话语表达方面形成个人化的风格对节目的影响力和栏目的品牌认知非常重要。例如《央视财经评论》栏目提出要做"有热度的新闻、有角度的观点、言论影响中国"，而这一切，最终都需要通过评论员的语言来实现。《央视财经评论》中不同梯队的评论员体现了不同的话语场，他们以差异化的表达给予受众多维的体察视阈。独特的语言魅力，个人化、风格化的话语表达，是评论员走近观众的重要途径，也是栏目品牌的重要标志。

　　另外，强化新闻评论，电视新闻评论员队伍的建设和相关制度的完善是当务之急。一般而言，电视台都有自己的专家库，集中了社会各行业各领域的精英，可以从各界翘楚中挑选和培养适合作为特约电视新闻评论员的人才。专家的优势在于他们对自己研究的领域非常熟悉研究非常深入，对相关问题的把握非常准确，能够给出可信度非常高的分析和建议。但是专家观点很容易因其"专"而不够通俗易懂或专家过局限在自己的研究领域，在表达方式上也习惯于逻辑严密、有理有据地进行论述，往往出现长篇大论的情况。因此，新闻评论节目在邀请专家或特约评论员时，需要权衡利弊，扬其长，避其短。

另外一条途径就是可从新闻业内部选拔和培养，记者—好记者—主持人—好主持人—新闻评论员，这是优秀的电视新闻评论员的成长路线，白岩松就是一个典型的例子。这是因为记者出身的主持人长期浸润于新闻现场，接触、了解大量第一手的新闻信息，他们更容易发现问题，找到评论的切入点，也更容易适应新闻传播的规律而把握评论的力度。

还有业内人士提出了专职和兼职相结合、官方和民间结合、左翼和右翼相结合的电视新闻评论选拔原则。不论专业人士还是记者或主持人专兼职均可，针对某一话题在互联网上充分植根于生活的民间新闻评论高人也应成为可待选择的人选，因为作为网络舆论的制造与传播者，一些有见地的网友无形中充当了"意见领袖"的角色，他们的观点有时能够左右网民的判断并最终引导网络舆论的走向。社会左翼和右翼的声音都应该被接纳，以达成言论的多元化，为受众提供更多维度的观点。电视媒体只有汇集、引导和影响多方意见，才能加大主流新闻的传播力度，才能保持对舆论导向的影响力。

可以预测的是，当前电视新闻媒体评论员队伍建设势必带来一轮各界精英的聚合，并使一部分高知人群进入电视传媒领域，这将有利于知识的流动和普及、增强媒体社会教化的功能，使先进思想得到更为迅速有效的传播，也将为电视新闻媒体提高自身品质、实现转型和跨越发展提供坚实的智力支撑。

2. 不失语不滞后，设置议题引领舆论

随着中国社会民主化进程的加深，我国传媒体制的基本价值支点必然由"喉舌论"向"知情权保障"转型。同时，随着中产阶层的崛起，社会有机化程度的提升以及社会转型的要求，基本面、体制面越来越成为制约整个社会发展的瓶颈性因素，社会对于中观与宏观环境的监测要求日益强烈。所以，未来的电视新闻媒体在履行新闻的环境守望功能时，其诉求重点必然由以往的社会新闻、实用资讯等社会生活微观层面的信息，向事关公共决策和社会发展的热点难点、重大事件的深度报道和评析转型，及时准确、公开透明成为舆论引导所应坚持的方针。

在当前新媒体强势崛起，媒介竞争日益激烈的现实环境下，电视新闻媒体在面对社会中的热点难点、重大事件、突发事件时要做到不失语不滞后，进行及时全面的报道和深度到位的解析，发挥议题设置与引领舆情作用，掌握话语权，发出自己的声音，方能在媒介丛林中具有竞争力和吸引力。

但我国新闻报道一定程度存在对"正面宣传为主"报道方针的僵化理解，这必然导致在切实保障人民群众的信息安全方面存在缺陷，也必然使媒体不能很好地进行议程设置和履行舆论引导功能。

以灾难性事件的报道为例，不管是"天灾"还是"人祸"，灾难事件因其突发性和震撼性、负面性和社会性，一直是容易引发公众关注的热点，也是新闻传播活动的重点。而人类为了求生存图发展，必然对灾难性事件的表面信息（即发生了什么事）和深度信息（即为什么或有什么样的影响）产生强烈认知需求，以便调整原有的认知结构，消除认知的不确定性，实现与其生存的自然环境、社会环境、人文价值环境的调适。但受"灾难不是新闻，积极救灾才是新闻"早期媒体报道的理念的影响，人们较难从媒体上获知关于灾难的消息。这种灾难新闻报道观在当下的数字媒介语境下是无法立足的，无数拿起手机、DV的普通人都可成为信息的发布和传播者。

失语和滞后只能造成民众对于电视新闻媒体的远离，造成电视新闻媒体公信力的弱化。一系列电视新闻的"失语"和严重滞后的例子成为电视新闻界的一个个沉痛的教训。

但这种屏蔽信息的机制在新媒体时代已远远不能奏效，在媒介融合的信息传播环境里，想要封锁公共事件的有关消息是非常困难的。手机短信、即时聊天工具、博客、论坛等新型传播形式即时而迅速，信息传播的格局发生了重大变化。每个人都可能通过互联网和手机等信息渠道获得源源不断的信息，都可能成为意见表达的主体。重大突发事件出现时主流媒体如果没有在第一时间打通信息传播渠道，通过各种方式对该事件的发生、发展、背景、趋势等各方面进行详尽的报道，对事件进行正面的舆论引导，就很有可能使猜疑和谣言通过各种新媒体平台迅速传播，从而使局面失控。

在新媒体时代任何一个公民都可以通过网络成为公民记者，揭开自己知晓的新闻内幕。新媒体开放、自由、即时的信息传播能力一次次把包括电视新闻媒体在内的传统媒体抛在了后面，冲在了社会公共话语表达的前台，成功地设置了诸多社会议题，改变了它一度给人的被边缘化印象，渐趋主流。

3. 直接切进转型社会的肌理

想更加切中公众的利益和民众的呼声及及时地发出自己的声音，以免被新媒体敢为天下先的信息洪流吞没，就必须正确认识"正面宣传为主"的报道原则。其实贯彻正面宣传为主的方针并不是要求一味地唱赞歌、说好话，更不是不顾事实地涂脂抹粉。

"正面宣传为主要建立在客观真实准确的基础上，要新闻报道不隐瞒、不虚构、不夸张。对工作中和生活中的负面现象的报道，只要是出于对党和国家工作的负责，也属于正面宣传的范围。关键是在舆论的引导过程中坚持将国家、民族和人民的利益放在第一位。"

而汶川大地震因为报道及时、准确、公开、透明，起到了正面树立中国形象的作用。2009年春济南奥体中心火灾发生时，看到或听到的市民议论纷纷，猜测不断，有人甚至说是恐怖袭击，齐鲁台的SNG卫星直播车快速到达现场，对火灾进行直播报道，迅速消除了各种传言。谣言止于公开，及时的议题设置可以引导舆论，稳定人心。

（三）国际化视野与本土化定位

从世界范围来看，电视新闻大都经历了或正在经历着由以国内时政新闻为主向国内与国际报道相结合，以及时政与经济、文化、社会等多个领域新闻相结合的转变，电视新闻的报道面日益开阔，更出现了面向全球观众的国际电视新闻频道如CNN等。以我国为例，其早期的电视新闻在传播内容方面是较狭窄的，基本上局限在对国内新闻的报道上，而且基本上是时政新闻。随着改革开放的深入和新闻改革的推进，1979年中央电视台率先放宽了国际新闻的报道，决定凡重大国际政治新闻、社会新闻、文体新闻等领域都可以酌情客观报道。在如今世界政治、经济与文化领域多元发展的时代强音中，作为社会生活之镜的电视新闻不可能超然度外，关注国际社会成为其必然之选，在新闻的视角、新闻的选择方面呈现出国际化特征。

在国际化语境下，国内外发生的很多事都和每个人有关，比如因战争或政治变动带来的国际油价的起伏升降，就涉及很多人的现实生活。大众传媒的作用日益凸显，它使世界变成麦克卢汉所说的"地球村"的同时，也反过来冲击媒体的报道视角和报道内容。每一个国家和地区以及那片土地上的人们都不是孤立地生活的，都与整个社会息息相关。

在新媒体时代，中国毋庸置疑地被裹挟其中。"他们无法表述自己；他们必须被别人表述。"萨义德在他的著作《东方学》一书的开头，引用了马克思的这句话来描述东西方之间不平等的关系。长期以来，国际话语权一直掌握在西方媒体手中，但由于中国经济的快速发展和国际地位的提高，"尽管依然是西强我弱的国际格局，但这一格局明显开始松动"。这种松动的格局对我国的国际传播战略和话语权的提升，提供了前所未有的机遇。

作为电视新闻传播，既要有国际化视野，又要有本土化的坚守。要用中国人的声音、视角去报道国际新闻，也要解释世界变迁，展示中国在国际传播中的话语权。

1. 国际化视野中的新闻视角

严复在叙述《国闻报》的创办缘起时，把"通上下之情"和"通中外之故"作为两个最重要的目的，"通中外之故"强调使国人了解西方。

而当前中国在世界格局中越来越受到关注，因为伴随着中国对世界的开放，尤其是在中国加入 WTO 等国际组织而进入世界体系以后，中国已经不再是一个地理意义上的孤立的中国，而是一个新时代的中国，一个世界结构中的中国。如白岩松所言："中国正走在通往世界大国的路上，或者主动或者被动地，别人都会更加关注你的声音。通过媒体的变化，来看中国国内的变化；通过媒体的声音，来看大事发生时中国怎么说，所以你逃避不掉的，因为中国到了这个分量。"

随着中国世界经济地位的提升，相应的媒介地位问题也凸显出来。柳斌杰曾在接受《南方周末》专访时谈到，中国的媒体水平与中国的经济实力不相称，在舆论上国际影响力不够，没有主导权，处在弱势地位。其原因，除了西方强势外，我们新闻视点不高，国际性不强，媒介地域化、多而散分布，体制机制有问题是主要原因。我们当前的问题是各地方电视台的新闻为了与中央电视台及上星的省级卫视相抗衡，基本上以本土化的民生新闻为主，甚至省级卫视及央视的一些新闻节目也在收视率的压力之下走上了民生新闻之路，对国际新闻的报道也基本以软性的、适合大众口味的社会新闻为主，而对国际重大事件的报道明显弱化。这种经济效益支配下的报道倾向显然与国际化语境不相符。

美国著名学者、哈佛大学肯尼迪学院院长、美国国防部前助理部长约瑟夫·奈指出，一个国家的综合国力既包括由经济、科技、军事实力等表现出来的"硬实力"，也包括以文化和意识形态吸引力体现出来的"软实力"。在他看来，在新传媒时代，媒体的力量得到了前所未有的放大，它可以让突发事件不致演变为不可收拾的危机；同时，它也可以使危机升级，毁灭现有的价值体系。

媒体的形象代表着国家的形象；媒体"发言"的力量象征着国家的力量。而电视作为全球传播时代最有效的一种传播工具，对于塑造一个国家的国际形象，营造有利于本国发展的国内和国际舆论都起着至关重要的作用。

从国际上的比较来看，中国电视媒介的渗透能力有限，对外宣传能力无法对抗西方媒介，也远不适应国际媒介市场的需求，这是中国在国际传媒领域长期被动挨打、处于无奈境况的根本原因。如胡鞍钢所说，没有"软实力"，就必然受到"软打击""软轰炸"。尽管中央电视台的电视信号已经实现了全球覆盖，但是国际社会和西方观众对我国的了解并不客观全面，一些西方主流媒体对我国的认知还停留在十几年甚至几十年前的思维定格中，偏见与误解也普遍存在。

那么在国际化的语境下，从过去的"中国崩溃论"，到"中国威胁论"，再到今天的"中国责任论"，中国越来越受到整个世界的关注，在国际事务中，中国话题越来越成为公共话题，中国因素越来越成为国际事务中的重要因素，呈现出中国话题、中国因素的国际化趋势。冷静地审视中国、报道中国就显得越来越重要。

另外，由于经济的全球化与中国的进一步开放，中国与世界的关联和互动性越来越强，很多事件和问题都不能再简单地界定为单纯的国内问题或国际问题，而是呈现出"国内问题国际化、国际问题国内化"的特点，不再是国内报道、国际报道互不相干，而是彼此互为背景、相互渗透、相互影响。同时由于卫星电视和电视节目的互联网传播，使电视新闻可以跨越地域的阻隔，无远弗届，这也造成了地方性事件不再是本地域的事，地方媒体的传播再也不仅仅局限于地域内传播，某些地方事态也可能具有国际影响，成为国际传播关注的热点。这无疑需要我们在报道国内问题时必须有世界的视角和国际的考量，报道国际问题时必须有国内的视角和考量，用"国际视野"来观照新闻传播的对象。

张振华在《全球化语境与新闻传播》一文中认为，要把中国的发展放在世界这个背景中做恰当的定位和表述，防止坐井观天、自我陶醉，理性地看待国际事务，包括涉华问题和涉华舆论，防止偏居一隅，过度政治化、感情化地看待和报道某些事物；还要在国际语境中尽可能地用世界听得懂的语言和思维来报道中国、报道世界。

伴随着中国的强大，我们听到的杂音和遇到的麻烦也越来越多，而这几乎是每一个大国在崛起的过程中都会经历的阶段，在这个时候，理性、从容、有理、有利、有节更为重要，媒体作为窗口和镜子，更应该以客观、理性的报道来塑造大国国民心态和大国形象。充分尊重受众的感受和判断能力，注重正面报道和负面报道的平衡。要大力宣传我们的政府所倡导的一系列思想、理念和命题，如关于尊重和保障人权、以人为本、执政为民的理念，保护环境、节约资源、人与自然和谐相处的理念等。

当然，我们有些电视国际新闻传播观念还未与国际规则接轨，缺乏对受众的针对性分析，传播内容还缺乏吸引力，在对外报道中传播能力、传播渠道尚显不足，我们与国际一流电视媒体之间的明显差距还需要不懈努力才能逐步缩小。

2. 本土视域的新闻解读

电视作为现代社会的大众传媒，在网络使天涯变咫尺、世界真正成为"地球村"的当下，更要处理好本土化与国际化的关系。"国际化思考，本土化行动"已成为跨国媒介公司主要的营销方略，如为适应当地受众的收视习惯和接受心理，CNN、BBC 以及传媒大亨默多克旗下的新闻集团都针对不同国家和地区的受众心理和需求开办了不同语种和风格的频道或者栏目，以取得更好的传播效果。

电视新闻传播本土化视域中的新闻解读策略即立足本地，对外地和国际上发生的新闻事件和本地相链接，从本地观众的关注点入手，进行解读和分析，让自己的目标受众群有认同感和亲近感，更好地为满足本地受众的需要服务。新闻本土化是新闻接近性的具体体现，使新闻报道与受众在地理上或思想上、利益上相近，本土化的解读可以增强新闻传播内容与受众的接近性。

"若想鼓励各种各样的人收看电视新闻，并让他们记住和思考它所提供的事件，电视新闻必须符合大众趣味、相关性和令人满意的生产的关键标准。"

费斯克所说的相关性即是说电视新闻要有贴近目标观众群，与他们的生活和需要有一定的相关性。电视新闻本土化有利于克服新闻同质化现象，使新闻更好地为本地社会经济发展和观众服务。在美国，甚至出现了一种"超本地化"新闻站点（hyperlocal web sites）。这类网站的内容包括本地新闻和与本地相关的博客文章，此外，还包括本地政府的一些数据，如犯罪记录报告、餐馆检查情况、道路修筑情况等。这种"超本地化"新闻其实是更为纯粹的新闻本土化，更加体现了赛博空间新闻的泛化和实用性。半岛电视台是卡塔尔的电视台，近些年却迅速崛起，尽管其新闻采编人员有西方媒体从业经验和背景，但从最开始新闻选题的制定到最终新闻产品完成的整个过程完全是本土化的运作，与本地观众相关。而"半岛改变了信息流向，数百年来第一次从东方流向西方"，这使它的新闻报道更国际化，成为全球性电视新闻媒体，被誉为"阿拉伯的CNN"。

在 2009 年世界金融危机爆发时，中央电视台财经频道及时调整报道内容，并迅速改版，推出了一档 60 分钟的新栏目《直击华尔街风暴》。随着金融风暴的不断蔓延，中央电视台财经频道的《第一时间》《全球资讯榜》和《直击华尔街风暴》一起，及时跟进报道金融危机的最新进展，除及时、全面深入地报道了华尔街金融风暴的来龙去脉及其在世界范围内造成的影响，增加国内社会各界对这场金融危机的理性认识外，后期报道则重点解析金融危机对我国经济特别是实体经济可能的影响，引导观众正确认识中国当前的经济形势，提振发展经济的信心。随着金融危机影响的不断扩大，2008 年 9 月 15 日美国雷曼兄弟公司倒闭后，新闻频道报道的关注点也由第一阶段的以国际新闻为主关注国外危机发展，转向以国内为主，密切关注金融危机对国内市场和政策的影响。如中国政府推出"货币财政组合拳"后，中央电视台新闻频道围绕国内针对金融危机的救市政策，展开一系列记者调查、动态追踪报道，《焦点访谈》推出了"经济热点透视"系列特别节目，对国内出台的一系列政策进行解读。中央电视台新闻频道《新闻会客厅》分别在 2008 年 10 月 22 日和 10 月 28 日播出了《金融危机带给中国的"危"与"机"》和《看全球最大玩具代工企业的倒掉》两个专题节目，开始关注金融危机下的中国经济现状。自 2008 年 11 月 2 日起，《经济热点》开始关注金融危机下的中国经济现状。同时，《经济热点透视》特别节目开始播出"东莞玩具业新变局"系列报道，播出《广东东莞：合俊为何突然倒闭》《同是玩具企业"玩法"各自不同》等调查性报道。这些新闻中有包括打工者、企业主、学生等在内的大量受金融危机影响的普通个体的报道，使关于金融危机的新闻报道呈现出立体化和贴近性的特点。

英国《金融时报》对中国电视媒体关于金融危机新闻报道有如下评价："新闻频道和财经频道以前所未有的频率，邀请经济学家上电视做节目，向观众解释金融衍生产品和外汇储备，努力避免可能出现的恐慌情绪。"

这些报道对金融危机做本土化的解读，报道国内各地经济受影响程度，客观反映国内经济的健康状况，同时也对国内财政政策进行权威解读，以引导舆论，解疑释惑，对民众来说正好满足了他们的信息需求。

当然，这种本土化是基于国际化的本土化，是具有全球视野的本土化，它把遥远的世界带到观众面前，满足他们的知情权，让他们了解自己所生活的这个变化多端的世界，同时也对世界上重大和突发的事件最大限度地发出自己的声音，展示并建构自己的话语权。

参考文献

[1] 田维钢. 新技术时代的电视新闻制作与传播 [M]. 北京：中国广播电视出版社，2009.

[2] 杨凤娇. 中国电视新闻传播格局的变迁 [M]. 北京：中国广播电视出版社，2009.

[3] 欧阳照. 电视新闻的叙事学研究 [M]. 重庆：重庆大学出版社，2010.

[4] 王首程. 电视新闻传播 [M]. 北京：中国广播电视出版社，2010.

[5] 牛光夏. 融合、转型：电视新闻传播新论 [M]. 上海：复旦大学出版社，2012.

[6] 张军华. 影像 话语 文本：叙事分析视野中电视新闻传播 [M]. 长沙：湖南师范大学出版社，2012.

[7] 林奇. 电视新闻视听心理研究 [M]. 北京：中国传媒大学出版社，2014.

[8] 邱一江. 新闻专业主义视阈下中国电视新闻奖消息类作品研究 [M]. 广州：暨南大学出版社，2014.

[9] 杨璐. 中国电视新闻传播的仪式之维 [M]. 昆明：云南人民出版社，2014.

[10] 何志武. 重构："三网融合"对广播电视新闻传播的影响 [M]. 武汉：华中科技大学出版社，2016.

[11] 宫承波，刘逸帆. 电视新闻频道发展研究：兼论新媒体时代电视新闻的生存空间 [M]. 北京：中国广播电视出版社，2016.

[12] 薛亚青，解洪科，牛霞玲. 电视新闻话语研究 [M]. 济南：山东人民出版社，2017.

[13] 张斌，王玉玮. 电视新闻生产：理论与实践 [M]. 上海：上海交通大学出版社，2017.

[14] 唐俊. 电视新闻市场竞争研究 [M]. 上海：文汇出版社，2018.

[15] 陈硕，刘淏，何向向 . 融媒体时代电视新闻节目的创新与转型发展研究 [M]. 成都：电子科技大学出版社，2019.

[16] 刘伟 . 电视新闻媒体融合转型的路径分析 [J]. 传播力研究，2020，4（15）：66-67.

[17] 侯云慧 . 融媒体时代提升电视新闻传播影响力的策略分析 [J]. 中国新通信，2020，22（10）：165.

[18] 孙洁 . 新媒体发展对电视新闻造成的影响分析 [J]. 中国有线电视，2020（05）：537-538.

[19] 黄秋荣 . 新媒体背景下广播电视新闻媒体融合发展的路径 [J]. 西部广播电视，2020（09）：68-69.

[20] 梁丽珺 . 数字传媒时代电视新闻工作理念和方式的创新研究 [J]. 传播力研究，2020，4（12）：4-5.

[21] 白云东 . 融媒体时代电视新闻传播策略探析 [J]. 新闻研究导刊，2020，11（07）：140.

[22] 董献 . 新媒体时代电视新闻的策略分析 [J]. 今传媒，2020，28（06）：22-24.

[23] 毛李珍 . 电视新闻在新媒体平台的传播现状与应对策略 [J]. 西部广播电视，2020（12）：58-59.

[24] 陈佳 . 现代多媒体技术背景下的新闻传播研究 [J]. 卫星电视与宽带多媒体，2020（13）：346-347.

[25] 刘晓瑾 . 浅析大数据时代下电视新闻传播的创新策略 [J]. 新闻研究导刊，2020，11（13）：159-160.